MARCO POLO

# ARABISCH



Sprachführer mit Insider Tipps

Sprechen und Verstehen – ganz einfach

MAIRS GEOGRAPHISCHER VERLAG

DRY LIME
FLOWER

# Schrift und Aussprache

Die arabische Schrift ist eine Schreibschrift und wird von rechts nach links gelesen. Im Folgenden werden Name, Schreibweisen und Aussprache der arabischen Schriftzeichen erklärt. Je nach Verbindung mit den benachbarten Buchstaben werden die Zeichen unterschiedlich geschrieben und teilweise auch anders ausgesprochen. Mit etwas Übung und Zeit kann mit der folgenden Erklärung des arabischen Alphabets die arabische Schrift gelesen werden.

Wer sich auf einfache Weise verständigen möchte, kann sich mit der Transkription begnügen, die sich an der allgemeinen Umgangssprache orientiert. Das bedeutet unter anderem vereinfachte Aussprache einiger Laute, vereinfachte Aussprache des bestimmten Artikels **al** im Satzinnern und vollständiger Verzicht auf die für die Hochsprache typischen vokalischen Flexionsendungen bei Nomen und Verben. Folgende Besonderheiten zur Aussprache jedoch sind für die Verständigung wichtig und sollten beachtet werden:

- ṯ wie stimmloses „th" in engl. **thing**, ḏ wie stimmhaftes „th" in engl. **the.**
- ' ist ein stimmhafter Kehllaut, klingt wie ein aus der Kehle gepresstes **a**.
- gh ist ein ungerolltes Zäpfchen-**r** wie in hochdeutsch wa**ren**.
- ā, ū, ī werden lang ausgesprochen wie in H**ahn, Huhn, Miete.**

**Das Arabische Alphabet**

| Name | allein-stehend | nach rechts verbunden | in der Wort-mitte | am Wort-anfang | Transkrip-tion | Aussprache |
|---|---|---|---|---|---|---|
| alif | ا | ـا | | | ā | Im Wortinnern zeigt es an, dass der vorhergehende kurze Vokal a gedehnt ausgesprochen wird wie in K**ahn.** |
| bā | ب | ـب | ـبـ | بـ | b | wie in **Bohne** |
| tā | ت | ـت | ـتـ | تـ | t | wie in **Teller** |
| ṯā | ث | ـث | ـثـ | ثـ | ṯ | wie in engl. **thing** |
| dschīm | ج | ـج | ـجـ | جـ | dsch | wie in engl. **John** |

| Name | allein-stehend | nach rechts verbunden | in der Wortmitte | am Wortanfang | Transkription | Aussprache |
|---|---|---|---|---|---|---|
| hā | ح | ـح | ـحـ | حـ | h | stimmloser Reibelaut, im Hals gesprochen, tiefer als das deutsche „ch" |
| chā | خ | ـخ | ـخـ | خـ | ch | wie in a**ch** |
| dāl | د | ـد | | | d | wie in **Delle** |
| ḏāl | ذ | ـذ | | | ḏ | wie in engl. **the** |
| rā | ر | ـر | | | r | gerolltes Zungenspitzen-**r** |
| sāj | ز | ـز | | | s | wie in le**sen** |
| sīn | س | ـس | ـسـ | سـ | s | wie in rei**ßen, lassen** |
| schīn | ش | ـش | ـشـ | شـ | sch | wie in **schön** |
| sād | ص | ـص | ـصـ | صـ | s | im Gaumen hinten, deutlich gesprochenes **s** |
| dād | ض | ـض | ـضـ | ضـ | d | im Gaumen hinten, deutlich gesprochenes **d** |
| tā | ط | ـط | ـطـ | طـ | t | im Gaumen hinten, deutlich gesprochenes **t** |
| ḏā | ظ | ـظ | ـظـ | ظـ | ḏ | im Gaumen hinten, deutlich gesprochenes **d** |
| 'ain | ع | ـع | ـعـ | عـ | ' | stimmhafte Entsprechung von hā, hört sich an wie ein aus der Kehle hervorgepresstes **a** |
| ghain | غ | ـغ | ـغـ | غـ | gh | wie ein ungerolltes Zäpfchen-**r,** zum Beispiel in wa**ren** |
| fā | ف | ـف | ـفـ | فـ | f | wie in **fallen** |
| qāf | ق | ـق | ـقـ | قـ | q | stimmloser Verschlusslaut, im Hals gesprochen; tiefer als das deutsche **k** |
| kāf | ك | ـك | ـكـ | كـ | k | wie in **Kahn** |

| Name | allein-stehend | nach rechts verbunden | in der Wort-mitte | am Wort-anfang | Transkrip-tion | Aussprache |
|---|---|---|---|---|---|---|
| lām | ل | ـل | ـلـ | لـ | l | wie in **Luft** |
| mīm | م | ـم | ـمـ | مـ | m | wie in **Mut** |
| nūn | ن | ـن | ـنـ | نـ | n | wie in **Nase** |
| hā | ه | ـه | ـهـ | هـ | h | wie in **Halle** |
| wāw | و | ـو | | | w | wie in engl. **w**in |
| | | | | | ū | wie langes u (wie in H**uh**n) |
| jā | ي | ـي | ـيـ | يـ | j | wie in **j**eder |
| | | | | | ī | wie langes i, z. B. in M**ie**te |
| | | | | | ā | wie langes a, z. B. in K**ah**n |

**Die Vokalzeichen**

Im Arabischen werden in der Regel die kurzen Vokale nicht geschrieben. In diesem Sprachführer werden die Vokale durch Zeichen über bzw. unter den Buchstaben angegeben (wie das im Schriftarabischen z. B. im Koran und in Gedichten üblich ist).

| | | | |
|---|---|---|---|
| ° (kein Vokal) | ـَ a | ـُ u | ـِ i |
| nur am Wortende: | ـً an | ـٌ un | ـٍ in |
| Konsonantenverdopplung: ـّ | | | |

**Abkürzungen**

| | | | |
|---|---|---|---|
| *adj* | Adjektiv, Eigenschaftswort | *m* | männliche Form |
| *adv* | Adverb, Umstandswort | *pl* | Mehrzahl |
| *äg.* | ägyptisch | *s.* | sich |
| *f* | weibliche Form | *sing* | Einzahl |
| | | *syr.* | syrisch |

# Auftakt
## Wie man Freunde gewinnt

Egal in welchem der arabischen Länder Sie sich aufhalten, Sie werden keine Schwierigkeiten haben, Kontakt mit Einheimischen zu knüpfen. Die Freundlichkeit, Hilfsbereitschaft und natürlich auch Neugier der Araber werden es Ihnen leicht machen. Heute finden Sie neben den traditionellen Wasserpfeifenkaffees der alten Männer auch Szene- und In-Lokale, wo sich die Jüngeren treffen. Hier können Sie dann mehr über das tägliche Leben der Menschen im Land erfahren und kommen über die beliebten Gesprächsthemen wie Fußball-Bundesliga oder Mercedes Benz hinaus.

| | | |
|---|---|---|
| Ja. | na'am | نَعَمْ |
| Nein. | lā/kallā | لَا / كَلَّا |
| Bitte. | 'afwan | عَفْوًا |
| Danke! | schukran | شُكْرًا |
| Wie bitte? | na'am? | نَعَمْ؟ |
| Einverstanden! | muwāfiq | مُوَافِقٌ |
| In Ordnung! | 'alā mā jurām | عَلَى مَا يُرَامُ |
| Verzeihung! | 'uḏran | عُذْرًا |
| Ich möchte... | awadd/urīd | أَوَدُّ / أُرِيدُ |
| Gibt es ...? | hal jūdschad ... | هَلْ يُوْجَدُ ...؟ |
| Hilfe! | an-nadschda | اَلنَّجْدَةَ! |

## Wer, wie was?

| | | |
|---|---|---|
| Wer? | man | مَنْ؟ |
| Was? | māḏā | مَاذَا؟ |
| Welcher?/Welches? | ajj | أَيٌّ؟ |
| Welche? | ajja | أَيَّةٌ؟ |
| Wem?/Wen? | man | مَنْ؟ |
| Wie viel? | kam | كَمْ؟ |
| Wie? | kaifa | كَيْفَ؟ |
| Warum?/Weshalb? | li-māḏā | لِمَاذَا؟ |
| Wo (ist/sind ...)? | ain | أَيْنَ؟ |
| Wann? | matā | مَتَى؟ |

## KENNENLERNEN

| | | |
|---|---|---|
| **GUTEN TAG!** | as-salāmu 'alaikum | السَّلَامُ عَلَيْكُمْ! |

### Begrüßung

Man(n) gibt sich zur Begrüßung die Hand. Dazu werden, wenn man sich gut kennt, auch die Wangen geküsst. Nachdem man sich die Hand gegeben hat, führen viele Männer ihre Hand an die eigene Brust, etwa in Höhe des Herzens. Manchmal wird die Hand auch zuerst an die Stirn geführt. Dies soll Freundschaft oder Verbundenheit signalisieren, mit Herz und Verstand. Viele Frauen, besonders aus islamisch-traditionellem Hintergrund, geben nur Frauen die Hand. Männer sollten also höflicherweise eine Frau nur dann per Handschlag begrüßen, wenn diese ihre Hand entgegen streckt. Übrigens: Geben Sie zum Gruß nie die linke Hand – das gilt als Beleidigung!

Guten Abend!
مَسَاءَ الْخَيْرِ!
masā l-chair

Hallo!/Grüß dich!
مَرْحَبًا!
marhaban

Wie ist Ihr Name, bitte?/Wie heißt Du?
مَا اسْمُكَ مِنْ فَضْلِكَ؟
mā ismak (*f*-ik) min fadlak (*f*-ik)

| | | |
|---|---|---|
| **MEIN NAME IST .../ ICH HEISSE ...** | ismī ... | إِسْمِي ... |

Freut mich, Sie kennen zu lernen.
يُسْعِدُنِي التَّعَرُّفُ إِلَيْكَ
jus'idnī t-ta'arruf ilaika (*f*-ki)

Darf ich bekannt machen?
هَلْ تَسْمَحُ بِأَنْ أُقَدِّمَ لَكَ؟
hal tasmah (*f*-īn) bi-an uqaddim lak (*f*-ik)

Das ist ...
هَذَا / هَذِهِ
hāḏā (*m*) / hāḏihī (*f*)

Frau .../ Fräulein ...
اَلسَّيِّدَةُ .../اَلآنِسَةُ ...
as-sajjida .../al-ānisa ...

Herr ...
اَلسَّيِّدُ ...
as-sajjid ...

| | | |
|---|---|---|
| Wie geht es Ihnen/dir? | kaif hālak (*m*) / kaif hālik (*f*) | كَيْفَ حَالُكَ؟ / كَيْفَ حَالُكِ؟ |
| Danke. Und Ihnen/dir? | schukran, wa kaif hālak anta (*m*) / hālik anti (*f*) | شُكْرًا، وَكَيْفَ حَالُكَ أَنْتَ؟ / حَالُكِ أَنْتِ؟ |
| Woher kommen Sie/kommst du? | min ain anta (*m*) / anti (*f*) | مِنْ أَيْنَ أَنْتَ؟ / أَنْتِ؟ |
| Ich bin aus ... | anā min ... | أَنَا مِنْ ... |

## JA, BITTE

na'am, min fadlak (*f*-ik) نَعَمْ، مِنْ فَضْلِكَ

| | | |
|---|---|---|
| Darf ich Sie/dich um einen Gefallen bitten? | hal astatī' an atlub minak (*f*-ik) ma'rūf | هَلْ أَسْتَطِيعُ أَنْ أَطْلُبَ مِنْكَ مَعْرُوفًا؟ |
| Gestatten Sie? | hal tasmah (*f*-īn) lī | هَلْ تَسْمَحُ لِي؟ |
| Können Sie mir bitte helfen? | hal tastatī' (*f*-īn) musā'adatī | هَلْ تَسْتَطِيعُ مُسَاعَدَتِي؟ |

## DANKE!

schukran شُكْرًا

| | | |
|---|---|---|
| Vielen Dank! | schukran dschasīlan | شُكْرًا جَزِيلًا |
| Nein, danke. | kallā, wa schukran | كَلاَّ، وَشُكْرًا |
| Danke, gleichfalls. | schukran, ardschū lak (*f*lik) isch-schai nafshu | شُكْرًا، أَرْجُو لَكَ الشَّيءَ نَفْسَهُ |
| Das ist nett, danke. | hādā lutf minak (*f*-ik), schukran | هَذَا لُطْفٌ مِنْكَ، شُكْرًا |
| Mit Vergnügen! | bi-kull surūr | بِكُلِّ سُرُورٍ! |
| Bitte sehr./Gern geschehen. | 'afwan/bi-kull surūr | عَفْوًا / بِكُلِّ سُرُورٍ |

## ENTSCHULDIGUNG!

'afwan/'udran عَفْوًا / عُذْرًا!

| | | |
|---|---|---|
| Das tut mir Leid. | jusifnī hādā | يُؤْسِفُنِي هَذَا |
| Schade! | jā la-l-chasāra | يَا لَلْخَسَارَةِ! |

## WIE BITTE? — 'afwan/māḏā — عَفْوًا/مَاذَا؟

| | |
|---|---|
| Ich verstehe Sie/dich nicht. Bitte, wiederholen Sie/wiederhole es. | لَمْ أَفْهَمْ/أَعِدْ مِنْ فَضْلِكَ<br>lam afham/a'id (*f* a'īdī) min fadlak (*f*-ik) |
| Bitte sprechen Sie/sprich etwas langsamer. | مِنْ فَضْلِكَ، تَكَلَّمْ بِشَكْلٍ أَبْطَأ<br>min fadlak (*f*-ik), takallam (*f*-ī) bi-schakl abta |
| Ich verstehe/habe verstanden. | مَفْهُومٌ/فَهِمْتُ<br>mafhūm/fahimtu |
| Ich spreche nur wenig ... | أَتَكَلَّمُ قَلِيلًا مِنْ ...<br>atakallam qalīl min ... |
| Schreiben Sie/Schreibe es mir bitte auf! | أُكْتُبْهَا لِي مِنْ فَضْلِكَ!<br>uktubhā (*f* uktubīhā) lī min fadlak (*f*-ik) |

## VERABREDUNG — mawā'īd — مَوَاعِيدُ

### Tabu

Sich küssen in der Öffentlichkeit sollte man am Besten bleiben lassen. Insgesamt wird Körperkontakt zwischen verschiedengeschlechtlichen Personen in der Öffentlichkeit nicht gern gesehen. Dagegen sieht man häufig Männer miteinander Hand in Hand gehen. Das sind keine homosexuellen Paare, sondern einfach gute Freunde.

| | |
|---|---|
| Hast du für morgen etwas vor? | هَلْ أَنْتَ مُرْتَبِطٌ بِشَيْءٍ غَدًا؟<br>hal anta (*f*-i) murtabit (*f*-a) bi-schai ghadan |
| Kannst du mich führen ... | هَلْ يُمْكِنُكَ أَنْ تَأْخُذَنِي إِلَى ...<br>hal mumkin an tachuḏnī (*f*-ḏīnī) ilā ... |
| zum Goldmarkt? | سُوقِ الذَّهَبِ؟<br>sūq iḏ-ḏahab |
| zum Kamelrennen? | سِبَاقِ الإِبِلِ؟<br>sibāq il-ibil |
| zu einer volkstümlichen Veranstaltung? | حَفْلَةٍ شَعْبِيَّةٍ؟<br>hafla scha'bīja |
| zu einer arabischen Hochzeitsfeier? | عُرْسٍ عَرَبِيٍّ؟<br>'urs 'arabī |

zu einer Tour in die Wüste?
جَوْلَةٍ فِي الصَّحْرَاءِ؟
dschaula fī s-sahrā

zu einem Rundgang in der Altstadt?
جَوْلَةٍ فِي المَدِينَةِ القَدِيمَةِ؟
dschaula fī l-madīna l-qadīma

Wollen wir heute Abend miteinander ausgehen?
هَلْ تُرِيدُ أَنْ نَخْرُجَ مَعًا مَسَاءَ الْيَوْمِ؟
hal turīd (*f*-īn) an nachrudsch ma'an masā al-jaum

Darf ich Sie/dich zum Essen einladen?
هَلْ تَسْمَحُ لِي بِدَعْوَتِكَ إِلَى الطَّعَامِ؟
hal tasmah (*f*-īn) lī bi-da'watak (*f*-ik) ilā t-ta'ām

Wann treffen wir uns?
مَتَى نَلْتَقِي؟
matā naltaqī

Hast du einen Freund/eine Freundin?
هَلْ لَدَيْكَ صَدِيقٌ/صَدِيقَةٌ؟
hal ladaika (*f*-ki) sadīq/sadīqa

Bist du verheiratet?
هَلْ أَنْتَ مُتَزَوِّجٌ؟
hal anta (*f* anti) mutasawwidsch (*f*-a)

Es würde mich freuen, deine Familie kennen zu lernen.
يُسْعِدُنِي لَوْ تَعَرَّفْتُ بِعَائِلَتِكَ؟
jus'idnī lau ta'arraftu bi-'āilatak (*f*-ik)

Ich hoffe, dass wir uns bald wieder sehen.
آمُلُ أَنْ نَلْتَقِيَ مَرَّةً أُخْرَى قَرِيبًا
āmul an naltaqī marra uchrā qarīban

Lassen Sie mich bitte in Ruhe!
أُتْرُكْنِي وَشَأْنِي مِنْ فَضْلِكَ!
utruknī wa schanī min fadlak

Jetzt reicht's!
كَفَى!
kafā

## Zeigt nicht her eure Füße

Insider Tipp

Beine überschlagen wird als unhöflich empfunden. Ganz besonders sollte man aber auf seine Beine und Füße achten, wenn man zu Gast bei einer Familie auf dem Land oder bei einer traditionell lebenden Familie ist. Hier sitzt man im „Salon", dem Empfangszimmer, meist auf Matten und Kissen auf dem Boden (im Schneidersitz oder ins Kissen gelümmelt – einfach dem Gastgeber abschauen). Auf jeden Fall sollte man es vermeiden, dem Gastgeber in irgendeiner Art die Fußsohlen entgegen zu strecken.

## Wunderbar!

Sind Sie von Ihrem Urlaub so richtig begeistert? Dann finden Sie hier ein paar Ausdrücke, um das richtig „rüberzubringen“:

| | | |
|---|---|---|
| gut, schön, o.k. | kuwajjis *(Ägy. Orient)* | كُوَيِّسْ |
| gut, schön, o.k. | bāhī *(Tun.)*, misjān *(Mar.)* | بَاهِي، مِزْيَانْ |
| vortrefflich, ausgezeichnet | mumtās | مُمْتَازْ |
| erstaunlich, wunderbar | 'adschīb | عَجِيبْ |
| groß, gewaltig, großartig | 'aḏīm | عَظِيمْ |
| fabelhaft, enorm, riesig | hāil | هَائِلْ |

**AUF WIEDERSEHEN!**

إِلَى اللِّقَاءِ/مَعَ السَّلَامَةِ!
ilā l-liqā/ ma'a s-salāma

| | | |
|---|---|---|
| Bis bald! | ilā l-liqā qarīban | إِلَى اللِّقَاءِ قَرِيبًا! |
| Bis später! | ilā l-liqā fīmā ba'd | إِلَى اللِّقَاءِ فِيمَا بَعْدُ! |
| Bis morgen! | ilā l-ghad | إِلَى الْغَدِ! |
| Gute Nacht! | tusbih (*f*-īn) 'alā chair | تُصْبِحُ عَلَى خَيْرٍ! |
| Tschüss! | salām | سَلَامٌ! |

**HERZLICHEN GLÜCKWUNSCH!**

أَلْفُ مَبْرُوكٍ!
alf mabrūk

| | | |
|---|---|---|
| Alles Gute zum Geburtstag! | 'īd mīlād sa'īd | عِيدُ مِيلَادٍ سَعِيدٍ! |
| Viel Erfolg! | atamannā lak (*f*lik) nadschāh bāhir | أَتَمَنَّى لَكَ نَجَاحًا بَاهِرًا! |
| Viel Glück! | atamannā lak (*f*lik) haḏḏ sa'īd | أَتَمَنَّى لَكَ حَظًّا سَعِيدًا! |
| Gesegnete Pilgerfahrt! | hadsch mabrūr | حَجٌّ مَبْرُورٌ! |
| Gute Besserung! | atamannā lak (*f*lik) schifā 'ādschil | أَتَمَنَّى لَكَ شِفَاءً عَاجِلًا! |

# Gestik/Mimik

So verstehen Sie die Gesten der Araber:

Immer mit der Ruhe,
bloß keine Aufregung!

Die beiden haben
Stunk.

Komm mal her!

Du spinnst wohl! Tickst
du noch richtig?

Ablehnung,
Verneinung

Mein Herz ist
bei dir!

Die sind ganz dicke
Freunde.

Ich kann nicht mehr
(essen)!

Was willst du?/
Wohin willst du?

## WO GEHT'S LANG?

| | | |
|---|---|---|
| Bitte, wo ist ...? | min fadlak (*f*-ik), ain ... | مِنْ فَضْلِك، أَيْنَ ...؟ |
| Tut mir Leid, das weiß ich nicht. | āsif, lā 'arif | آسِفٌ، لَا أَعْرِفُ |
| Wie weit ist es zum/zur ...? | mā hija l-masāfa ilā ... | مَا هِيَ الْمَسَافَةُ إِلَى ...؟ |
| Welches ist der kürzeste Weg nach/zu ...? | mā huwa aqsar tarīq ilā ... | مَا هُوَ أَقْصَرُ طَرِيقٍ إِلَى ...؟ |
| Gehen Sie ... | iḏhab (*f* iḏhabī) | اِذْهَبْ ... |
| geradeaus/ | ilā l-amām/ | إِلَى الأَمَامِ/ |
| nach links/ | ilā sch-schimāl/ | إِلَى الشِّمَالِ/ |
| nach rechts. | ilā l-jamīn | إِلَى الْيَمِينِ |
| Erste/Zweite Straße | auwal/ṯānī schāri' | أَوَّلُ/ثَانِي شَارِعٍ |
| links/ | ilā sch-schimāl/ | إِلَى الشِّمَالِ/ |
| rechts. | ilā l-jamīn | إِلَى الْيَمِينِ |
| Überqueren Sie ... | u'bur (*f* u'burī) | اُعْبُرْ |
| die Brücke. | al-dschisr/al-kūbirī *(äg.)* | الْجِسْرَ/الكُوبِرِي |
| den Platz. | as-sāha/al-maidān | السَّاحَةَ/الْمَيْدَانَ |
| die Straße. | asch-schāri' | الشَّارِعَ |
| Sie können den Bus Nr. ... nehmen. | tastatī' rukūb il-ūtūbīs raqm ... | تَسْتَطِيعُ رُكُوبَ الأُوتُوبِيسِ رَقْمِ ... |

# Zahlen

| | | |
|---|---|---|
| 0 | sifr | ٠ - صِفْرٌ |
| 1 | wāhid | ١ - وَاحِدٌ |
| 2 | iṯnān | ٢ - اِثْنَانِ |
| 3 | ṯalāṯa | ٣ - ثَلَاثَةٌ |
| 4 | arba'a | ٤ - أَرْبَعَةٌ |
| 5 | chamsa | ٥ - خَمْسَةٌ |
| 6 | sitta | ٦ - سِتَّةٌ |
| 7 | sab'a | ٧ - سَبْعَةٌ |
| 8 | ṯamānija | ٨ - ثَمَانِيَةٌ |
| 9 | tis'a | ٩ - تِسْعَةٌ |
| 10 | 'aschra | ١٠ - عَشْرَةٌ |
| 11 | ahada 'aschar | ١١ - أَحَدَ عَشَرَ |
| 12 | iṯna 'aschar | ١٢ - اِثْنَا عَشَرَ |
| 13 | ṯalāṯata 'aschar | ١٣ - ثَلَاثَةَ عَشَرَ |
| 14 | arba'ata 'aschar | ١٤ - أَرْبَعَةَ عَشَرَ |
| 15 | chamsata 'aschar | ١٥ - خَمْسَةَ عَشَرَ |
| 16 | sittata 'aschar | ١٦ - سِتَّةَ عَشَرَ |
| 17 | sab'ata 'aschar | ١٧ - سَبْعَةَ عَشَرَ |
| 18 | ṯamānijata 'aschar | ١٨ - ثَمَانِيَةَ عَشَرَ |
| 19 | tis'ata 'aschar | ١٩ - تِسْعَةَ عَشَرَ |
| 20 | 'ischrūn | ٢٠ - عِشْرُونَ |
| 21 | wāhid wa 'ischrūn | ٢١ - وَاحِدٌ وَعِشْرُونَ |
| 30 | ṯalāṯūn | ٣٠ - ثَلَاثُونَ |
| 40 | arba'ūn | ٤٠ - أَرْبَعُونَ |
| 50 | chamsūn | ٥٠ - خَمْسُونَ |
| 60 | sittūn | ٦٠ - سِتُّونَ |
| 70 | sab'ūn | ٧٠ - سَبْعُونَ |
| 80 | ṯamānūn | ٨٠ - ثَمَانُونَ |
| 90 | tis'ūn | ٩٠ - تِسْعُونَ |
| 100 | mia | ١٠٠ - مِئَةٌ |
| 101 | mia wa wāhid | ١٠١ - مِئَةٌ وَوَاحِدٌ |
| 1000 | alf | ١٠٠٠ - أَلْفٌ |
| 10 000 | 'aschrat ālāf | ١٠٠٠٠ - عَشْرَةُ آلَافٍ |

## ZEIT

### UHRZEIT | as-sā'a | اَلسَّاعَةُ

**Können Sie mir bitte sagen, wie spät es ist?**
أَخْبِرْنِي مِنْ فَضْلِكَ: كَمِ السَّاعَةُ؟
achbirnī (*f*achbirīnī) min fadlak (*f*-ik): kam is-sā'a

Es ist (genau/ungefähr) ...
اَلسَّاعَةُ الآنَ (تَمَامًا/حَوَالَى) ...
as-sā'a l-ān (tamāman/hawālā) ...

3 Uhr.
اَلثَّالِثَةُ
aṯ-ṯāliṯa

5 nach 3.
اَلثَّالِثَةُ وَخَمْسُ دَقَائِقَ
aṯ-ṯāliṯa wa chams daqāiq

3 Uhr 10.
اَلسَّاعَةُ الثَّالِثَةُ وَعَشْرُ دَقَائِقَ
as-sā'a ṯ-ṯāliṯa wa 'aschr daqāiq

halb 4.
اَلسَّاعَةُ اَلثَّالِثَةُ وَ النِّصْفُ
as-sā'a ṯ-ṯāliṯa wa n-nisf

Viertel vor 4.
اَلرَّابِعَةُ إِلاَّ رُبُعًا
ar-rābi'a illā rub'an

12 Uhr mittag./Mitternacht.
اَلثَّانِيَةَ عَشْرَةَ ظُهْرًا/مُنْتَصَفُ اللَّيْلِ
aṯ-ṯānija 'aschra ḏuhran / muntasaf il-lail

| | | |
|---|---|---|
| **Um wie viel Uhr?/Wann?** | fī ajja sā'a/matā | فِي أَيَّةِ سَاعَةٍ؟/مَتَى؟ |
| Um 1 Uhr. | as-sā'a l-wāhida | اَلسَّاعَةَ الْوَاحِدَةَ |
| In einer Stunde. | ba'd sā'a | بَعْدَ سَاعَةٍ |
| **Wie lange?** | kam il-mudda | كَمِ الْمُدَّةُ؟ |
| Zwei Stunden (lang). | sā'atain | سَاعَتَيْنِ |
| Bis 5 Uhr. | hattā l-chāmisa | حَتَّى الْخَامِسَةِ |
| **Seit wann?** | munḏu matā | مُنْذُ مَتَى؟ |
| Seit 8 Uhr morgens. | munḏu ṯ-ṯāmina sabāhan | مُنْذُ الثَّامِنَةِ صَبَاحًا |

### Inschallā

(إِنْ شَاءَ اللّٰه) ist eine häufig benutzte Redewendung in islamischen Ländern und bedeutet „wenn Gott will". Sagt man etwa, morgen werde man dies oder jenes tun, so fügt man meist *inschallā* hinzu.

| SONSTIGE ZEITANGABEN | auqāt uchrā | أَوْقَاتٌ أُخْرَى |
|---|---|---|
| abends | masāan | مَسَاءً |
| diese Woche | fī hāḏā l-usbū' | فِي هَذَا الأُسْبُوع |
| gestern | ams/al-bāriha | أَمْسِ / اَلْبَارِحَة |
| heute | al-jaum | اَلْيَوْمَ |
| jeden Tag | kull jaum | كُلَّ يَوْمٍ |
| jetzt | al-ān | اَلآنَ |
| mittags | ḍuhran | ظُهْرًا |
| morgen | ghadan | غَدًا |
| morgens | sabāhan | صَبَاحًا |
| nachmittags | 'asran | عَصْرًا |
| nächstes Jahr | as-sana l-qādima | اَلسَّنَة الْقَادِمَة |
| nachts | lailan | لَيْلًا |
| stündlich | kull sā'a | كُلَّ سَاعَةٍ |
| täglich | jaumījan | يَوْمِيًّا |
| vormittags | qabl iḍ-ḍuhr | قَبْلَ الظُّهْرِ |

| DATUM | at-tārīch | اَلتَّارِيخُ |
|---|---|---|
| Den Wievielten haben wir heute? | kam tārīch il-jaum | كَمْ تَارِيخُ الْيَوْمِ؟ |
| Heute ist der 1. Mai. | al-jaum huwa auwal ajjār/mājū | اَلْيَوْمَ هُوَ أَوَّلُ أَيَّارْ/مَايُو |

## Ramadan

Der Ramadan, der neunte Monat des islamischen Mondjahres, ist der Fastenmonat. Am ersten des folgenden Mondmonats, Schawwal, beginnt das „Fest des Fastenbrechens" und geht in der Regel über drei Feiertage. Das Opferfest folgt ca. zwei Monate nach dem Ramadanfest. Dies ist auch die Zeit der Pilgerreise nach Mekka.

| WOCHENTAGE | aijām il-usbū' | أَيَّامُ الأُسْبُوعِ |
|---|---|---|
| Montag | jaum il-iṯnain | يَوْمُ الِاثْنَيْنِ |
| Dienstag | jaum iṯ-ṯulāṯā | يَوْمُ الثُّلَاثَاءِ |
| Mittwoch | jaum il-arbi'ā | يَوْمُ الأَرْبِعَاءِ |
| Donnerstag | jaum il-chamīs | يَوْمُ الْخَمِيسِ |
| Freitag | jaum il-dschum'a | يَوْمُ الْجُمْعَةِ |
| Samstag | jaum is-sabt | يَوْمُ السَّبْتِ |
| Sonntag | jaum il-ahad | يَوْمُ الأَحَدِ |

| MONATE | al-aschhur | اَلأَشْهُرُ |
|---|---|---|
| Januar | janājir/kānūn iṯ-ṯānī | يَنَايِرْ/كَانُونْ الثَّانِي |
| Februar | fibrājir/schubāt | فِبْرَايِرْ/شُبَاطْ |
| März | māris/āḏār | مَارِسْ/آذَارْ |
| April | abrīl/nīsān | أَبْرِيلْ/نِيسَانْ |
| Mai | mājū/ajjār | مَايُو/أَيَّارْ |
| Juni | jūnjū/husairān | يُونْيُو/حُزَيْرَانْ |
| Juli | jūljū/tammūs | يُولْيُو/تَمُّوزْ |
| August | aghustus/āb | أَغُسْطُسْ/آبْ |
| September | sibtambar/ailūl | سِبْتَمْبَرْ/أَيْلُولْ |
| Oktober | uktūbar/tischrīn il-awwal | أَكْتُوبَرْ/تِشْرِينْ الأَوَّلْ |
| November | nūfambar/tischrīn iṯ-ṯānī | نُوفَمْبَرْ/تِشْرِينْ الثَّانِي |
| Dezember | dīsambar/kānūn il-auwal | دِيسَمْبَرْ/كَانُونْ الأَوَّلْ |

| JAHRESZEITEN | al-fusūl | اَلْفُصُولُ | | | |
|---|---|---|---|---|---|
| Frühling | ar-rabī' | اَلرَّبِيعُ | Herbst | al-charīf | اَلْخَرِيفُ |
| Sommer | as-saif | اَلصَّيْفُ | Winter | asch-schitā | اَلشِّتَاءُ |

| FEIERTAGE | al-a'jād | اَلأَعْيَادُ |
|---|---|---|
| Neujahr | ras is-sana | رَأْسُ السَّنَةِ |
| Ostern | 'īd il-fish | عِيدُ الْفِصْحِ |
| Weihnachten | 'īd il-mīlād | عِيدُ الْمِيلَادِ |
| Fest des Fastenbrechens | 'īd il-fitr | عِيدُ الْفِطْرِ |
| Opferfest | 'īd il-adhā | عِيدُ الأَضْحَى |
| Geburtsfest des Propheten | al-maulid in-nabawī | اَلْمَوْلِدُ النَّبَوِيُّ |
| Trauertag der Schiiten | 'āschūrā | عَاشُورَاء |

# WETTER

Wie wird das Wetter heute?
كَيْفَ سَيَكُونُ الطَّقْسُ الْيَوْمَ؟
kaif sa-jakūn it-taqs il-jaum

Es bleibt schön/schlecht.
يَبْقَى الطَّقْسُ جَمِيلًا/سَيِّئًا
jabqā t-taqs dschamīl/sajj

Es wird wärmer/kälter.
سَتَزْدَادُ دَرَجَةُ الْحَرَارَةِ/الْبُرُودَةِ
sa-tasdād daradschat il-harāra/il-burūda

| | | |
|---|---|---|
| Blitz | barq | بَرْقٌ |
| Donner | ra'd | رَعْدٌ |
| Ebbe | dschasr | جَزْرٌ |
| Flut | fajadān/madd | فَيَضَانٌ/مَدٌّ |
| heiß | hārr | حَارٌّ |
| Hitze | harāra schadīda | حَرَارَةٌ شَدِيدَةٌ |
| kalt | bārid | بَارِدٌ |
| Regen | matar | مَطَرٌ |
| Schnee | taldsch | ثَلْجٌ |
| Sonne | schams | شَمْسٌ |
| Temperatur | daradschat il-harāra | دَرَجَةُ الْحَرَارَةِ |
| trocken | dschāff | جَافٌّ |
| warm | dāfi | دَافِئٌ |
| Wind | rijāh | رِيَاحٌ |
| Wolke | ghaima/sahāba | غَيْمَةٌ/سَحَابَةٌ |

# Auf der Reise

## Wie weit ist es noch?

In den meisten arabischen Ländern kann man inzwischen einfach und bequem herumreisen; dennoch sollte man genügend Zeit und Geduld mitbringen. Wer mit dem Auto unterwegs ist, wird immer wieder nach dem Weg fragen müssen. Wenn es mit der Sprache und Gestik nicht klappt: kein Problem! Nicht selten holt der Befragte seinen Wagen und fährt bis zur entscheidenden Kreuzung vor. Vielleicht lädt er Sie auch erst einmal zu einem Tee ein.

## ... Mit dem Auto / Motorrad / Fahrrad

| | | |
|---|---|---|
| **ENTSCHULDIGUNG, WIE KOMME ICH NACH ...?** | 'afwan, kaif jumkin an asil ilā ... | عَفْوًا، كَيْفَ يُمْكِنُ أَنْ أَصِلَ إِلَى... ؟ |
| Immer geradeaus bis ... | tābi' ilā l-amām hattā | تَابِعْ إِلَى الأَمَامِ حَتَّى... |
| Dann ... | ṯumma... | ثُمَّ... |
| bei der Ampel ... | 'ind ischārat il-murūr id-dauīja ... | عِنْدَ إِشَارَةِ الْمُرُورِ الضَّوْئِيَّةِ ... |
| an der Ecke ... | fī s-sāwīja | فِي الزَّاوِيَةِ ... |
| links/rechts abbiegen. | in'atif schimālān/jamīnan | اِنْعَطِفْ شِمَالاً / يَمِينًا |
| Wie weit ist das? | kam il-masāfa | كَمِ الْمَسَافَةُ؟ |

| | | |
|---|---|---|
| **VOLL TANKEN, BITTE** | imla l-chassān min fadlak | اِمْلَإِ الْخَزَّانَ مِنْ فَضْلِكَ |
| Ich möchte ... Liter | urīd ... litr | أُرِيدُ ... لِتْرًا |
| Normalbenzin. | min il-bansīn il-'ādī | مِنَ الْبَنزِينِ الْعَادِيِّ |
| Super. | min il-bansīn il-mumtās | مِنَ الْبَنزِينِ الْمُمْتَازِ |
| Diesel. | min id-dīsil | مِنَ الدِّيزِلِ |
| bleifrei. | min il-bansīn il-chālī min ir-rasās | مِنَ الْبَنْزِينِ الْخَالِي مِنَ الرَّصَاصِ |
| mit ... Oktan. | bidaradschat ... ūktān | بِدَرَجَةِ ... أُوكْتَانْ |

### Nervenstark

Autofahren in Arabien ist nicht schwerer als in Italien. Dennoch empfiehlt es sich, um nicht unnötig Zeit und Nerven zu verlieren, ein Taxi vorausfahren zu lassen, wenn man die Stadt verlassen möchte oder auf dem Weg zum Hotel ist. In der Stadt lässt man das Auto am Besten stehen.

| ICH HABE EINE PANNE | تعطّلت سيّارتي<br>ta'attalat sajjāratī |
|---|---|

Ich habe einen Platten.
إنثقب إطار سيّارتي
intaqab itār sajjāratī

Würden Sie bitte den Pannendienst anrufen?
هل تسمح بإبلاغ ورشة الصّيانة؟
hal tasmah bi-iblāgh warschat is-sijāna

Könnten Sie mir mit Benzin aushelfen?
هل تستطيع مساعدتي بقليل من البنزين؟
hal tastatī' musā'adatī bi-qalīl min il-bansīn

Könnten Sie mir beim Reifenwechsel helfen?
هل تستطيع مساعدتي في تغيير العجلة؟
hal tastatī' musā'adatī fī taghjīr il-'adschala

Würden Sie mein Auto bis zur nächsten Werkstatt/Tankstelle abschleppen?
هل ممكن أن تسحب سيّارتي حتّى أقرب ورشة/محطّة البنزين؟
hal mumkin an tashab sajjāratī hattā aqrab warscha/mahattat il-bansīn

| WO IST HIER DIE NÄCHSTE WERKSTATT? | أين توجد أقرب ورشة؟<br>ain tūdschad aqrab warscha |
|---|---|

Mein Wagen springt nicht an.
محرّك سيّارتي لا يشتغل
muharrik sajjāratī lā jaschtaghil

Mit dem Motor stimmt was nicht.
المحرّك عاطل
al-muharrik 'ātil

Die Bremsen funktionieren nicht.
الفرامل/المكابح لا تشتغل
al-farāmil/al-makābih *(syr.)* lā taschtaghil

... ist defekt.
... معطّل/خرب
... mu'attal/charib

Der Wagen verliert Öl.
هناك تسرّب من زيت السّيّارة
hunāk tasarrub min sait is-sajjāra

Können Sie mal nachsehen?
هل تستطيع أن تتفقّدها؟
hal tastatī' an tatafaqqadhā

Wechseln Sie bitte die Zündkerzen aus.
غيّر شمعات الإحتراق من فضلك
ghajjir scham'āt il-ihtirāq min fadlak

Was wird es kosten?
ماذا يكلّف هذا؟
māḏā jukallif hāḏā

## ES IST EIN UNFALL PASSIERT

وَقَع حَادِثٌ
waqa'a hādiṯ

| | |
|---|---|
| Rufen Sie bitte schnell ... | أُطْلُبْ بِسُرْعَةٍ مِنْ فَضْلِك ... <br> utlub (ƒutlubī) bi-sur'a min fadlak (ƒ-ik) ... |
| einen Krankenwagen. | سَيَّارَةَ إِسْعَافٍ <br> sajjārat is'āf |
| die Polizei. | اَلشُّرْطَة <br> asch-schurta |
| die Feuerwehr. | مَرْكَزَ الإِطْفَاءِ/اَلإِطْفَائِيَّة <br> markas il-itfā/il-itfāīja |
| Haben Sie Verbandszeug? | هَلْ لَدَيْكَ أَدَوَاتُ تَضْمِيدٍ؟ <br> hal ladaika (ƒladaiki) adawāt tadmīd |
| Es war meine/Ihre Schuld. | أَنَا/أَنْتَ الْمَسْؤُولُ عَنْ وُقُوعِ الْحَادِثِ <br> anā/anta (ƒanti) il-masūl (ƒ-a) 'an wuqū' il-hādit |
| Geben Sie mir bitte Ihren Namen und Ihre Anschrift. | أَعْطِنِي مِنْ فَضْلِكَ اسْمَكَ وَعُنْوَانَكَ <br> a'tinī (ƒa'tīnī) min fadlak (ƒ-ik) ismak (ƒ-ik) wa 'unwānak (ƒ-ik) |
| Vielen Dank für Ihre Hilfe. | شُكْرًا جَزِيلًا لِمُسَاعَدَتِكَ <br> schukran dschasīlān li-musā'adatak (ƒ-ik) |

## AUTO-/MOTORRAD-/FAHRRADVERMIETUNG

تَأْجِيرُ سَيَّارَاتٍ وَ دَرَّاجَاتٍ نَارِيَّةٍ وَعَادِيَّةٍ
tādschīr sajjārāt wa-darrādschāt nārīja wa'ādīja

| | |
|---|---|
| Ich möchte für zwei Tage/eine Woche ... mieten. | أُرِيدُ أَنْ أَسْتَأْجِرَ لِمُدَّةِ يَوْمَيْنِ/أُسْبُوعٍ <br> urīd an astadschir li-muddat jaumain/usbū' |
| einen Wagen | سَيَّارَةً <br> sajjāra |
| einen Geländewagen | سَيَّارَةَ جِيبْ <br> sajjārat dschīb |
| ein Motorrad | دَرَّاجَةً نَارِيَّةً <br> darrādscha nārīja |
| ein Fahrrad | دَرَّاجَةً <br> darrādscha |
| Wie hoch ist die Tages-/Wochenpauschale? | كَمِ الأُجْرَةُ لِنَهَارٍ كَامِلٍ/لِأُسْبُوعٍ؟ <br> kam il-udschra li-nahār kāmil/li-usbū' |

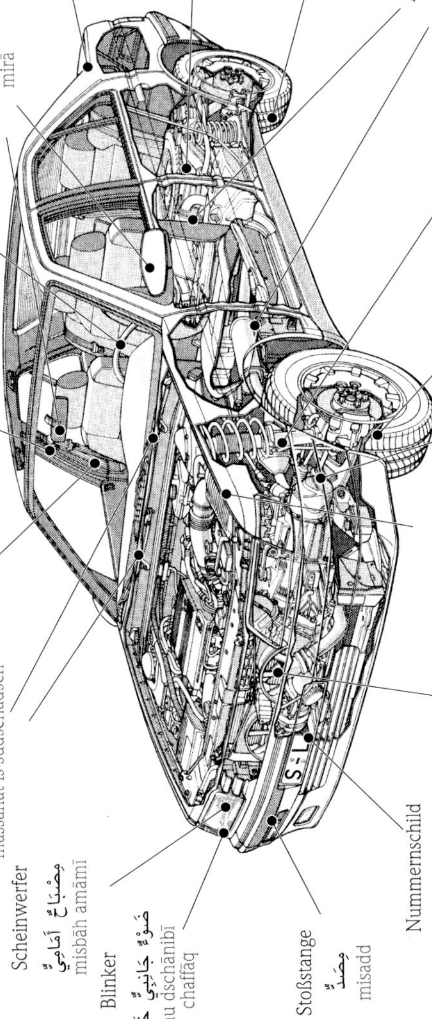

Windschutzscheibe
زُجَاجُ السَّيَّارَةِ الأَمَامِيُّ
sudschädsch is-sajjāra l-amāmī
Lenkrad
مِقْوَدٌ
miqwad
Rückspiegel
مِرْآةٌ
mirā
Kofferraum
صُنْدُوقُ السَّيَّارَةِ
sundūq is-sajjāra
Ersatzrad
عَجَلَةٌ إِحْتِيَاطِيَّةٌ
'adschala ihtijātija
Autoreifen
دُولَابٌ
dūlāb
Auspuff
مَاسُورَةُ الْعَادِمِ
māsūrat il-'ādim
Stoßdämpfer
مُخَفِّفُ الصَّدَمَاتِ
muchaffif is-sadamāt
Bremse
مَكَابِحُ
makābih
Achse
مِحْوَرٌ
mihwar
Kotflügel
رَفْرَفُ الْعَجَلَةِ
rafaraf il-'adschala
Kühler
جِهَازُ التَّبْرِيدِ
dschihās it-tabrīd
Nummernschild
لَوْحَةُ رَقْمِ السَّيَّارَةِ
lauhat raqm is-sajjāra
Stoßstange
مِصَدٌّ
misadd
Blinker
ضَوْءٌ جَانِبِيٌّ خَفَّاقٌ
dau dschānibī chaffāq
Scheinwerfer
مِصْبَاحٌ أَمَامِيٌّ
misbāh amāmī
Scheibenwischer
مَسَّاحَةُ الزُّجَاجِ
massāhat is-sudschädsch
Sicherheitsgurt
حِزَامُ الأَمَانِ
hisām il-amān
S-L

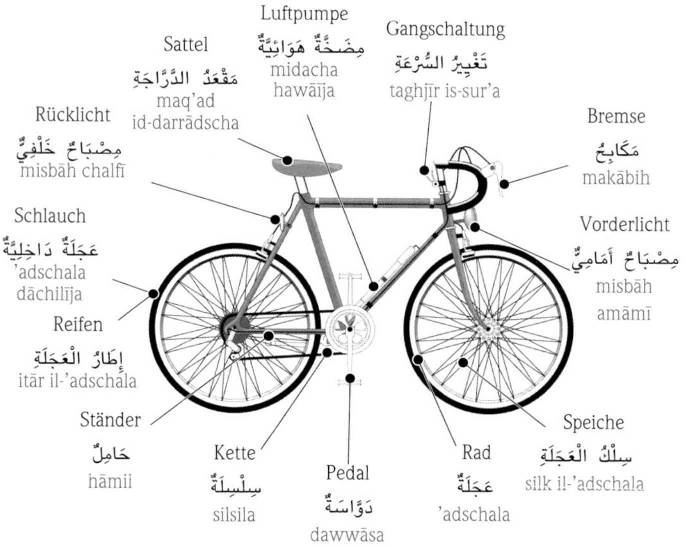

| | | |
|---|---|---|
| abschleppen | sahaba | سَحَبَ |
| Abschlepp\|seil | habl is-sahb | حَبْلُ السَّحْبِ |
| ~wagen | sajjārat is-sahb | سَيَّارَةُ السَّحْبِ |
| Ampel | ischārat il-murūr id-dauīja | إِشَارَةُ الْمُرُورِ الضَّوْئِيَّةُ |
| Anlasser | miftāh taschghīl il-muharrik | مِفْتَاحُ تَشْغِيلِ الْمُحَرِّكِ |
| Benzin | bansīn | بَنْزِينٌ |
| ~kanister | safīhat il-bansīn | صَفِيحَةُ الْبَنْزِينِ |
| Bremsbelag | fahm il-farāmil/ fahm il-makābih | فَحْمُ الْفَرَامِلِ/فَحْمُ الْمَكَابِحِ |
| Defekt | fīhi chalal | فِيهِ خَلَلٌ |
| Fahrrad | darrādscha | دَرَّاجَةٌ |
| Flickzeug | adawāt it-tarqī' | أَدَوَاتُ التَّرْقِيعِ |
| Führerschein | ruchsat il-qijāda | رُخْصَةُ الْقِيَادَةِ |
| Gangschaltung | taghjīr is-sur'a | تَغْيِيرُ السُّرْعَةِ |
| Gaspedal | dawwāsat il-bansīn | دَوَّاسَةُ الْبَنْزِينِ |

| | | |
|---|---|---|
| gebrochen | maksūr | مَكْسُورٌ |
| Getriebe | ’ulbat nāqil il-haraka | عُلْبَةُ نَاقِلِ الْحَرَكَةِ |
| Handbremse | farmalat il-jad/ mikbah il-jad | فَرْمَلَةُ الْيَدِ/مِكْبَحُ الْيَدِ |
| Hupe | ālat it-tanbīh | آلَةُ التَّنْبِيهِ |
| Keilriemen | sair il-muharrik | سَيْرُ الْمُحَرِّكِ |
| Klingel | dscharas | جَرَسٌ |
| Kühlwasser | mā it-tabrīd | مَاءُ التَّبْرِيدِ |
| Kupplung | dschihās it-ta’schīq/klātsch/dubrijādsch | جِهَازُ التَّعْشِيقِ/كْلَاتْشْ/دُبْرِيَاجْ |
| Kurzschluss | māss kahrabāī | مَاسٌّ كَهْرَبَائِيٌّ |
| Lastwagen | schāhina | شَاحِنَةٌ |
| Lichtmaschine | muwallid/dīnāmō | مُوَلِّدٌ/دِينَامُو |
| Motor | muharrik/mōtōr | مُحَرِّكٌ/مُوتُورْ |
| ~rad | darrādscha nārīja | دَرَّاجَةٌ نَارِيَّةٌ |
| Notrufsäule | ’amūd hātif it-tawāri | عَمُودُ هَاتِفِ الطَّوَارِئِ |
| Oktanzahl | al-’adad il-ūktānī | اَلْعَدَدُ الْأُوكْتَانِيُّ |
| Öl | sait | زَيْتٌ |
| ~wechsel | taghjīr is-sait | تَغْيِيرُ الزَّيْتِ |
| Panne | ’utl | عُطْلٌ |
| Pannendienst | chidmat it-tawāri li-s-sajjārāt | خِدْمَةُ الطَّوَارِئِ لِلسَّيَّارَاتِ |
| Papiere | ruchsat is-sajjāra wa s-sāiq | رُخْصَةُ السَّيَّارَةِ وَالسَّائِقِ |
| Park\|haus | mauqif is-sajjārāt it-tābiqī | مَوْقِفُ السَّيَّارَاتِ الطَّابِقِيُّ |
| ~platz | mauqif is-sajjārāt | مَوْقِفُ السَّيَّارَاتِ |
| Schraube | mismār mulaulab | مِسْمَارٌ مُلَوْلَبٌ |
| Starthilfekabel | kabl it-taschghīl | كَبْلُ التَّشْغِيلِ |
| Stau | ichtināq harakat il-murūr | اِخْتِنَاقُ حَرَكَةِ الْمُرُورِ |
| Straße | schāri’ | شَارِعٌ |

| | | |
|---|---|---|
| Straßenkarte | charītat isch-schawāri' | خَرِيطَةُ الشَّوَارِعِ |
| Sturzhelm | chūḏa wāqija | خُوذَةٌ وَاقِيَةٌ |
| Tankstelle | mahattat il-bansīn | مَحَطَّةُ الْبَنْزِينِ |
| Umleitung | tahwīla | تَحْوِيلَةٌ |
| Vergaser | kārbūritar/mufahhim | كَارْبُورِتَرْ / مُفَحِّمٌ |
| Wagenheber | rāfi'at is-sajjāra | رَافِعَةُ السَّيَّارَةِ |
| Warnblinker | dau t-tahḏīr il-chaffāq | ضَوْءُ التَّحْذِيرِ الْخَفَّاقِ |
| Warndreieck | muṯallaṯ it-tahḏīr | مُثَلَّثُ التَّحْذِيرِ |
| Wegweiser | lāfitat il-murūr | لَافِتَةُ الْمُرُورِ |
| Werk\|statt | warschat it-taslīh | وَرْشَةُ التَّصْلِيحِ |
| ~zeug | 'udda/adawāt *(pl)* | عُدَّةٌ / أَدَوَاتٌ |
| Zündkerze | scham'at il-ihtirāq | شَمْعَةُ الِاحْتِرَاقِ |
| Zündung | al-isch'āl/at-taschghīl | اَلْإِشْعَالُ / اَلتَّشْغِيلُ |

## ... Mit dem Flugzeug

| **ABFLUG** | iqlā' | إِقْلَاعٌ |
|---|---|---|

Wann fliegt die nächste Maschine nach ...?

مَتَى تُقْلِعُ الطَّائِرَةُ التَّالِيَةُ إِلَى...؟
matā tuqli' it-tāira t-tālija ilā ...

Ich möchte einen einfachen Flug/ Hin- und Rückflug nach ... buchen.

أُرِيدُ حَجْزَ بِطَاقَةِ ذَهَابٍ إِلَى ...
*(Hin)* urīd hadschs bitāqat ḏahāb ilā ...

أُرِيدُ حَجْزَ بِطَاقَةِ ذَهَابٍ وَإِيَابٍ إِلَى ...
*(Hin- und Rückflug)* urīd hadschs bitāqat ḏahāb wa ijāb ilā ...

Sind noch Plätze frei?

هَلْ يُوجَدُ مَحَلَّاتٌ؟
hal jūdschad mahallāt

Ich möchte den Flug stornieren/ändern.

أُرِيدُ أَنْ أُلْغِيَ / أُغَيِّرَ الحَجْزَ
urīd an ulghī/ughajjir il-hadschs

| ANKUNFT | al-wusūl | اَلْوُصُولُ |
|---|---|---|
| Mein Gepäck ist verloren gegangen. | dā'at haqāibī | ضَاعَتْ حَقَائِبِيٌّ |
| Mein Koffer ist beschädigt worden. | tadarrarat haqībatī | تَضَرَّرَتْ حَقِيبَتِي |

| | | |
|---|---|---|
| Ankunftszeit | mau'id il-wusūl | مَوْعِدُ الْوُصُولِ |
| Anschluss | muwāsala | مُوَاصَلَةٌ |
| Anschnallgurt | hisām il-amān | حِزَامُ الأَمَانِ |
| Bordkarte | bitāqat il-irkāb | بِطَاقَةُ الإِرْكَابِ |
| Buchung | hadschs | حَجْزٌ |
| Fenstersitz | maq'ad bi-dschānib in-nāfiḏa | مَقْعَدٌ بِجَانِبِ النَّافِذَةِ |
| Flug | rihla dschauwīja/tajarān | رِحْلَةٌ جَوِّيَّةٌ / طَيَرَانٌ |
| ~gesellschaft | scharikat it-tajarān | شَرِكَةُ الطَّيَرَانِ |
| ~hafenbus | ūtūbīs il-matār | أُوتُوبِيسُ المَطَارِ |
| ~hafengebühr | rusūm il-matār | رُسُومُ المَطَارِ |
| ~plan | dschadwal mawā'īd it-tajarān | جَدْوَلُ مَوَاعِيدِ الطَّيَرَانِ |
| ~schein | taḏkirat tāira | تَذْكِرَةُ طَائِرَةٍ |
| ~steig | bawwāba | بَوَّابَةٌ |
| ~zeug | tāira | طَائِرَةٌ |
| Gepäck | haqāib | حَقَائِبُ |
| ~abfertigung | idschrāāt tachlīs il-haqāib | إِجْرَاءَاتُ تَخْلِيصِ الحَقَائِبِ |
| ~ausgabe | taslīm il-haqāib | تَسْلِيمُ الحَقَائِبِ |
| Handgepäck | haqāib jadawīja | حَقَائِبُ يَدَوِيَّةٌ |
| Landung | hubūt | هُبُوطٌ |
| Not\|ausgang | machradsch it-tawāri | مَخْرَجُ الطَّوَارِئِ |
| ~landung | hubūt idtirārī | هُبُوطٌ اِضْطِرَارِيٌّ |
| ~rutsche | maslaqat il-ichlā il-idtirārī | مَزْلَقَةُ الإِخْلَاءِ الاِضْطِرَارِيِّ |

| | | |
|---|---|---|
| Passagier | rākib | رَاكِبٌ |
| Pilot/in | tajjār/tajjāra | طَيَّارٌ / طَيَّارَةٌ |
| Schalter | schubbāk | شُبَّاكٌ |
| Schwimmweste | sidār in-nadschāt | صِدَارُ النَّجَاةِ |
| Steward/ess | mudīf/mudīfa | مُضِيفٌ/مُضِيفَةٌ |
| stornieren | alghā il-hadschs | أَلْغَى الْحَجْزَ |
| umbuchen | ghajjara l-hadschs | غَيَّرَ الْحَجْزَ |
| Verspätung | tachīr | تَأْخِيرٌ |
| zollfreier Laden | sūq hurra | سُوقٌ حُرَّةٌ |
| Zwischenlandung | tawaqquf aṯnā s-safar | تَوَقُّفٌ أَثْنَاءَ السَّفَرِ |

## ... MIT DER EISENBAHN

### ABFAHRT — intilāq — اِنْطِلَاقٌ

Eine einfache Fahrt 2. Klasse/1. Klasse nach ..., bitte.
(أُرِيدُ) بِطَاقَةً لِلدَّرَجَةِ الثَّانِيَةِ/الأُولَى إِلَى ... مِنْ فَضْلِكَ
(urīd) bitāqa li-d-daradscha ṯ-ṯānija/l-ūlā ilā ... min fadlak (*f*-ik)

Zweimal ... hin und zurück, bitte.
(أُرِيدُ) بِطَاقَتَيْنِ ذَهَابًا وَإِيَابًا مِنْ فَضْلِكَ
(urīd) bitāqatain ḏahāb wa ijāb min fadlak (*f*-ik)

Muss ich umsteigen?
هَلْ يَجِبُ أَنْ أُغَيِّرَ الْقِطَارَ؟
hal jadschib an ughajjir il-qitār

Wo muss ich aussteigen/umsteigen?
أَيْنَ يَجِبُ أَنْ أَنْزِلَ/أُغَيِّرَ؟
ain jadschib an ansil/ughajjir

Von welchem Gleis fährt der Zug nach ... ab?
مِنْ أَيِّ رَصِيفٍ يَنْطَلِقُ الْقِطَارُ إِلَى ...؟
min ajj rasīf jantaliq il-qitār ilā ...

### IM ZUG — fī l-qitār — فِي الْقِطَارِ

Verzeihung, ist dieser Platz noch frei?
عَفْوًا، هَلْ هَذَا الْمَحَلُّ شَاغِرٌ؟
'afwan, hal hāḏā l-mahall schāghir

Hält dieser Zug in ...?
هَلْ يَتَوَقَّفُ الْقِطَارُ فِي ...؟
hal jatawaqqaf il-qitār fī ...

| | | |
|---|---|---|
| Abfahrt | intilāq | اِنْطِلَاقٌ |
| Abteil | maqsūra | مَقْصُورَةٌ |
| ankommen | wasala | وَصَلَ |
| Aufenthalt | tawaqquf | تَوَقُّفٌ |
| aussteigen | nasala | نَزَلَ |
| Bahnhof | mahattat il-qitārāt | مَحَطَّةُ الْقِطَارَاتِ |
| besetzt | mahdschūs/maschghūl | مَحْجُوزٌ/مَشْغُولٌ |
| einsteigen | rakiba/sa'ida ilā | رَكِبَ/صَعِدَ إِلَى |
| Eisenbahn | as-sikka l-hadīdīja | اَلسِّكَّةُ الْحَدِيدِيَّةُ |
| ~fähre | mu'addijat il-qitārāt | مُعَدِّيَةُ الْقِطَارَاتِ |
| Ermäßigung | tachfīd | تَخْفِيضٌ |
| Fahr\|karte | taḏkira | تَذْكِرَةٌ |
| ~kartenschalter | schubbāk it-taḏākir | شُبَّاكُ التَّذَاكِرِ |
| ~plan | dschadwal mawā'īd is-safar | جَدْوَلُ مَوَاعِيدِ السَّفَرِ |
| ~preis | si'r it-taḏkira | سِعْرُ التَّذْكِرَةِ |
| Fensterplatz | maq'ad bi-dschānib in-nāfiḏa | مَقْعَدٌ بِجَانِبِ النَّافِذَةِ |
| frei | schāghir | شَاغِرٌ |
| Gepäck | haqāib | حَقَائِبُ |
| ~aufbewahrung | ghurfat il-amānāt | غُرْفَةُ الأَمَانَاتِ |
| ~schein | taḏkira | تَذْكِرَةٌ |
| Gleis | rasīf | رَصِيفٌ |
| Hauptbahnhof | mahattat il-qitārāt ir-raīsīja | مَحَطَّةُ الْقِطَارَاتِ الرَّئِيسِيَّةُ |
| Kinderfahrkarte | taḏkira muchaffada li-l-atfāl | تَذْكِرَةٌ مُخَفَّضَةٌ لِلأَطْفَالِ |
| Nichtraucherabteil | maqsūrat ghair il-mudachchinīn | مَقْصُورَةُ غَيْرِ الْمُدَخِّنِينَ |
| Notbremse | farmalat it-tawāri | فَرْمَلَةُ الطَّوَارِئِ |
| Platzkarte | taḏkirat hadschs | تَذْكِرَةُ حَجْزٍ |
| Raucherabteil | maqsūrat il-mudachchinīn | مَقْصُورَةُ الْمُدَخِّنِينَ |

| | | |
|---|---|---|
| Reservierung | hadschs | حَجْزٌ |
| Rückfahrkarte | taḏkirat ḏahāb wa ijāb | تَذْكِرَةُ ذَهَابٍ وَإِيَابٍ |
| Speisewagen | 'arabat il-mat'am | عَرَبَةُ الْمَطْعَمِ |
| Toilette | daurat mijāh/tuwālēt | دَوْرَةُ مِيَاهٍ/تُوَالِيتْ |
| Wartesaal | qā'at il-intiḏār | قَاعَةُ الاِنْتِظَارِ |

## … MIT DEM SCHIFF

### AUSKUNFT — al-isti'lāmāt — الاِسْتِعْلَامَاتُ

Wo/Wann fährt das nächste Schiff nach … ab?
أَيْنَ/مَتَى تُبْحِرُ أَوَّلُ سَفِينَةٍ إِلَى …؟
ain/matā tubhir auwal safīna ilā …

Ich möchte eine Schiffskarte nach …
أُرِيدُ تَذْكِرَةً إِلَى …
urīd taḏkira ilā …

### AN BORD — 'alā ḏahr is-safīna — عَلَى ظَهْرِ السَّفِينَةِ

Wo ist der Speisesaal/der Aufenthaltsraum?
أَيْنَ قَاعَةُ الطَّعَامِ/أَيْنَ الصَّالَةُ؟
ain qā'at it-ta'ām/ain is-sāla

Ich fühle mich nicht wohl.
أَشْعُرُ بِتَوَعُّكٍ
asch'ur bi-tawa'uk

| | | |
|---|---|---|
| Anlegeplatz | marsa | مَرْسَى |
| Buchung | hadschs | حَجْزٌ |
| Fähre | 'abbāra/mu'addija | عَبَّارَةٌ/مُعَدِّيَةٌ |
| Fahrkarte | taḏkira | تَذْكِرَةٌ |
| Hafen | marfa/mīnā | مَرْفَأٌ/مِينَاءٌ |
| Kabine | hudschra | حُجْرَةٌ |
| Rettungs\|boot | qārib in-nadscha | قَارِبُ النَّجَاةِ |
| ~ring | tauq in-nadscha | طَوْقُ النَّجَاةِ |
| Schwimmweste | sidār in-nadschā | صِدَارُ النَّجَاةِ |
| seekrank | musāb bi-duwār il-bahr | مُصَابٌ بِدُوَارِ الْبَحْرِ |
| Steward | mudīf | مُضِيفٌ |

# Essen & Trinken
## Die Speisekarte, bitte

Die arabische Küche gibt es gar nicht. Jede Region hat ihre Spezialitäten, Gewürze und Essgewohnheiten. Während im Nahen und Mittleren Osten die zahllosen Vorspeisen dominieren, überwiegen im nordafrikanischen Raum Hirse, Weizen und Reisgerichte in vielen Variationen und eine riesige Vielfalt an Süßem. Allen Arabern gemein ist die Freude mit Gästen gut zu essen. Es gehört einfach zum guten Ton, Fremde auch schon nach kurzem Kennenlernen einzuladen. Man ist aber nicht verpflichtet, eine Einladung anzunehmen.

## Chambre séparée

Achtung: in vielen Restaurants, Cafés und Teehäusern gibt es ein geschlossenenes „Familienabteil" für Paare und Familien (der Rest des Lokals ist den Männern vorbehalten). Diesen Raum dürfen Männer nur in weiblicher Begleitung betreten.

## WIR GEHEN ESSEN

Wo gibt es hier ... — أَيْنَ يُوْجَدُ هُنَا ...
ain jūdschad hunā ...

ein gutes Restaurant? — مَطْعَمٌ جَيِّدٌ؟
mat'am dschajjid

ein typisches Restaurant? — مَطْعَمٌ شَعْبِيٌّ؟
mat'am scha'bī

Ist dieser Platz noch frei? — هَلْ هَذَا الْمَحَلُّ غَيْرُ مَحْجُوزٍ؟
hal hāḏā l-mahall ghair mahdschūs

Wo sind bitte die Toiletten? — مِنْ فَضْلِكَ، أَيْنَ دَوْرَاتُ الْمِيَاهِ/ التَّوَالِيتْ؟
min fadlak (f-ik), ain daurāt il-mijāh/it-tuwālet

## Wünsche

Einen guten Appetit wünscht man sich in Arabien zwar nicht. Dafür wünscht der Gast dem Gastgeber nach Beenden der Mahlzeit einen immer reich gedeckten Tisch. Als Antwort erwidert der Gastgeber dann „Gesundheit". Dies gilt übrigens auch wenn man zum Tee oder Kaffee eingeladen ist.

Darf ich rauchen? — هَلْ أَسْتَطِيعُ التَّدْخِينَ؟
hal astatī' it-tadchīn

## Blauer Dunst

Es ist in vielen Gegenden Arabiens durchaus üblich, auch während des Essens eine Zigarette oder – häufiger – eine Wasserpfeife zu rauchen. Je nach Region tun dies auch Frauen.

## Das Besondere

Im Restaurant empfiehlt sich immer die Frage nach dem ganz besonderen Gericht!

| BESTELLUNG | talab/hadschs | طَلَبٌ / حَجْزٌ |
|---|---|---|
| Herr Ober/Bedienung, | jā nādil/jā sajjid (f jā sajjida) | يَا نَادِلُ/يَا سَيِّدُ |
| die Speisekarte, | qāimat it-ta'ām | قَائِمَةَ الطَّعَامِ |
| die Getränkekarte, bitte. | qāimat il-maschrūbāt min fadlak (f-ik) | قَائِمَةَ الْمَشْرُوبَاتِ مِنْ فَضْلِكَ |
| Was können Sie mir empfehlen? | māḏā tansahnī (f tansahīnī) | مَاذَا تَنْصَحُنِي؟ |
| Ich nehme ... | saāchuḏ ... | سَآخُذُ ... |
| Wir haben leider kein/e ... (mehr). | lam jabqa ladainā ... ma'a l-asaf | لَمْ يَبْقَ لَدَيْنَا ... مَعَ الأَسَفِ |
| Was wollen Sie trinken? | māḏā turīd (f-īn) an taschrab (f-īn) | مَاذَا تُرِيدُ أَنْ تَشْرَبَ؟ |
| Bitte bringen Sie uns ... | min fadlak (f-ik), ahdir (f ahdirī) lanā ... | مِنْ فَضْلِكَ، أَحْضِرْ لَنَا ... |

| BEANSTANDUNGEN | schakāwā | شَكَاوَى |
|---|---|---|

## Einmal zurück, bitte

Insider Tipp

Es ist in Restaurants durchaus üblich, Unzufriedenheit über eine Bestellung zu äußern oder diese sogar zurückgehen zu lassen.

| | | |
|---|---|---|
| Haben Sie mein/e ... vergessen? | hal nasīta (f nasīti) ... | هَلْ نَسِيتَ ...؟ |
| Das habe ich nicht bestellt. | lam atlub hāḏā | لَمْ أَطْلُبْ هَذَا |
| Holen Sie bitte den Chef. | istad' (f istad'ī) il-mudīr min fadlak (f-ik) | إِسْتَدْعِ الْمُدِيرَ مِنْ فَضْلِكَ |

## BEZAHLEN, BITTE
al-hisāb min fadlak (f-ik) اَلْحِسَابَ مِنْ فَضْلِكَ

| | | |
|---|---|---|
| Bitte alles zusammen. | مِنْ فَضْلِكَ، الْحِسَابَ كَامِلًا<br>min fadlak (f-ik), il-hisāb kāmil | |
| Getrennte Rechnungen, bitte. | مِنْ فَضْلِكَ، قَوَائِمُ الْحِسَابِ لِكُلٍّ عَلَى حِدَةٍ<br>min fadlak (f-ik), qawāim il-hisāb li-kull ’alā hida | |
| Hat es geschmeckt? | هَلْ كَانَ الطَّعَامُ طَيِّبًا؟<br>hal kān it-ta’ām tajjib | |
| Das Essen war ausgezeichnet. | كَانَ الطَّعَامُ مُمْتَازًا<br>kān it-ta’ām mumtās | |
| Das ist für Sie. | هَذَا لَكَ<br>hādā laka (f laki) | |

| | | |
|---|---|---|
| Abendessen | ’aschā | عَشَاءٌ |
| Bestellung | talab/hadschs | طَلَبٌ / حَجْزٌ |
| Brot | chubs | خُبْزٌ |
| Diabetiker | marīd bi-s-sukkarī | مَرِيضٌ بِالسُّكَّرِيِّ |
| Essig | chall | خَلٌّ |
| frisch | tāsadsch | طَازَجٌ |
| Frühstück | futūr → S. 42, 43 | فُطُورٌ |
| Gabel | schauka | شَوْكَةٌ |
| Gang | sinf min it-ta’ām | صِنْفٌ مِنَ الطَّعَامِ |
| gebacken | machbūs *(Brot)*/ | مَخْبُوزٌ / |
| | maqlī *(Fleisch, Fisch)* | مَقْلِيٌّ |
| gebraten | muhammar | مُحَمَّرٌ |
| gedünstet | mu’add bi-l-buchār | مُعَدٌّ بِالْبُخَارِ |
| gekocht | matbūch/maslūq *(Eier)* | مَطْبُوخٌ / مَسْلُوقٌ |
| geräuchert | mudachchan | مُدَخَّنٌ |
| Gericht | wadschba → S. 43 ff. | وَجْبَةٌ |

| | | |
|---|---|---|
| Getränk | scharāb → S. 42, 47 f. | شَرَابٌ |
| Gewürz | tawābil | تَوَابِلُ |
| Glas | kas | كَأْسٌ |
| Gräte | hasak | حَسَكٌ |
| Hauptspeise | at-tabaq ir-raīsī → S. 45 | اَلطَّبَقُ الرَّئِيسِيُّ |
| hausgemacht | masnū' fī l-bait | مَصْنُوعٌ فِي الْبَيْتِ |
| heiß | sāchin/hārr | سَاخِنٌ/حَارٌّ |

## Wie hätten Sie Ihr Fleisch gerne?

| | | |
|---|---|---|
| gut durch | maschwīja tamām | مَشْوِيَّةٌ تَمَامًا |
| halb durch | nisf maschwīja | نِصْفَ مَشْوِيَّةٍ |
| englisch | 'alā t-tarīqa l-indschilīsīja | عَلَى الطَّرِيقَةِ الإِنْجِلِيزِيَّةِ |

| | | |
|---|---|---|
| kalt | bārid | بَارِدٌ |
| Kellner | nādil/dscharsūn | نَادِلٌ/جَرْسُونْ |
| Koch/Köchin | tabbāch/tabbācha | طَبَّاخٌ/طَبَّاخَةٌ |
| kochen | tabacha | طَبَخَ |
| Löffel | mil'aqa | مِلْعَقَةٌ |
| mager | ghair mudhin/ghair dasim | غَيْرُ مُدْهِنٍ/غَيْرُ دَسِمٍ |
| Menü | wadschba | وَجْبَةٌ |
| Messer | sikkīn | سِكِّينٌ |
| Mittagessen | ghadā | غَدَاءٌ |
| Nachtisch | halāwā/dūsīr *(syr.)* | حَلَاوَى/دُوسِيرْ |
| Ober *(Anrede)* | nādil | نَادِلٌ |

| | | |
|---|---|---|
| Salat | salata → S. 44 | سَلَطَةٌ |
| Salz | milh | مِلْحٌ |
| sauer | hāmid | حَامِضٌ |
| scharf | hādd/hārr | حَادٌّ / حَارٌّ |
| Speisekarte | qāimat it-ta'ām | قَائِمَةُ الطَّعَامِ |
| Suppe | hasā/schurba → S. 44 | حَسَاءٌ / شُرْبَةٌ |
| süß | hulu | حُلْوٌ |
| Tasse | findschān | فِنْجَانٌ |
| Teller | tabaq/sahn | طَبَقٌ / صَحْنٌ |

## Wasser

In Restaurants wird kostenlos Leitungswasser gereicht. Abgefülltes Mineralwasser gibt es nur auf Bestellung und gegen Bezahlung.

| | | |
|---|---|---|
| Trinkgeld | baqschīsch | بَقْشِيشٌ |
| Vorspeise | muqabbilāt → S. 45 | مُقَبِّلَاتٌ |
| Wasser | mā | مَاءٌ |
| würzen | tabbala | تَبَّلَ |
| zäh | qāsi | قَاسٍ |

# Bilder zum Zeigen

## Gemüse

# Bilder
## zum Zeigen

# Obst

# Seafood

# Bilder
## zum Zeigen

## Frühstück

## Getränke

# قَائِمَةُ الطَّعَامِ

qāimat it-ta'ām

## Speisekarte

| | | |
|---|---|---|
| **Frühstück** | futūr | فُطُورٌ |

Getränke: → S. 42, 47 f.

| | | |
|---|---|---|
| Fladenbrot | raghīf | رَغِيفٌ |
| Brot | chubs | خُبْزٌ |
| Toast | tōst/chubs muqammar | تُوسْتْ / خُبْزٌ مُقَمَّرٌ |
| weich gekochtes Ei | baida nisf maslūqa | بَيْضَةٌ نِصْفُ مَسْلُوقَه |
| hart gekochtes Ei | baida maslūqa | بَيْضَةٌ مَسْلُوقَه |
| Spiegeleier | baid maqlī | بَيْضٌ مَقْلِي |
| Butter | subda | زُبْدَه |
| Käse | dschubn | جُبْنٌ |
| Schafs~ | dschubn min laban il-ghanam | جُبْنٌ مِنْ لَبَنِ الْغَنَمِ |
| Weich~ | dschubn tarī/dschubn lajjin | جُبْنٌ طَرِيٌّ / جُبْنٌ لَيِّنٌ |
| Ziegen~ | dschubn min laban il-mā'is | جُبْنٌ مِنْ لَبَنِ الْمَاعِزِ |
| Wurst | sudschuq | سُجُقْ |
| Honig | 'asal | عَسَلْ |
| Marmelade | murabba | مُرَبَّى |
| Joghurt | laban sabādī | لَبَنٌ زَبَادِيْ |
| Omelett | 'udschdscha | عُجَّه |

### Die rechte Art

Insider Tipp

Wird mit den Fingern gegessen, dann unbedingt mit der rechten Hand. Die linke gilt als unrein.
Die Hände werden vor und nach dem Essen gewaschen.

| Zwischenmahlzeiten | wadschabāt chafīfa | وَجَبَاتٌ خَفِيفَةٌ |
|---|---|---|
| Falafil | falāfil *(Orient)* | فَلَافِلْ |
| Leber-Sandwich | sandawīsch kibda | سَنْدَوِيش كِبْدَه |
| Kebab | kabāb | كَبَابْ |
| Pferdebohnen-Gericht | fūl mudammas *(Orient)* | فُولْ مُدَمَّسْ |
| Würste | naqāniq | نَقَانِقْ |
| Feingebäck | fatāir | فَطَائِرْ |

## Für zwischendurch

Kleine Mahlzeiten haben in arabischen Städten Tradition. Es gibt, besonders in den Stadtkernen, eine Fülle von kleinen Restaurants und Imbissständen, die zahlreiche Spezialitäten anbieten. Qualität und Geschmack sind von Stand zu Stand sehr unterschiedlich.
Tipp: Gehen Sie dahin, wo Sie viele Kunden sehen.

| Suppen | schurba / hasā | شُرْبَه / حَسَاء |
|---|---|---|
| Gemüsesuppe | schurbat chudar | شُرْبَةُ خُضَرْ |
| Fischsuppe | schurbat samak | شُرْبَةُ سَمَكْ |

| Salate | salata | سَلَطَةٌ |
|---|---|---|
| grüner Salat | salata chadra | سَلَطَةٌ خَضْرَه |
| Tomatensalat | salatat tamātim | سَلَطَةٌ طَمَاطِمْ |
| Tabula | tabbūla *(Libanon)* | تَبُّولَه |

## Während des Fastenmonats ...

... sollte man in Gegenwart von Muslimen von Sonnenauf- bis Sonnenuntergang weder essen und trinken noch rauchen.

| **Vorspeisen** | muqabbilāt | مُقَبِّلَاتٌ |
|---|---|---|
| Meze – mehrere Vorspeisen | massa munawwa'a | مَزَّةٌ مُنَوَّعَه |
| gegrillte Garnelen | dschambarī maschwī | جَمْبَرِي مَشْوِي |

| **Hauptmahlzeiten** | wadschabāt raīsīja | وَجَبَاتٌ رَئِيسِيَّةٌ |
|---|---|---|
| Couscous mit Lammfleisch | kuskusī bi-lahm il-charūf *(Maghreb)* | كُسْكُسى بِلَحْمِ الخَرُوفْ |
| Fleischbraten | lahm muhammar | لَحْمٌ مُحَمَّرْ |
| gegrilltes Fleisch | lahm maschwī | لَحْمٌ مَشْوِي |
| gegrillter Fisch | samak maschwī | سَمَكٌ مَشْوِي |
| Hackbraten | kifta | كِفْتَه |
| gebackenes Hähnchen | dadschādsch fī l-furn | دَجَاجٌ فِي الفُرْنْ |
| Mulukiyya mit Tauben | mulūchīja bi-l-hamām *(Ägypten)* | مُلُوخِيَّه بِالحَمَامْ |
| Nudelauflauf | makrūna fī l-furn *(Orient)* | مَكْرُونَه فِي الفُرْنْ |

| **Gemüse** | chudar/chudār | خُضَرٌ / خُضَارٌ |
|---|---|---|
| Reis | russ | رُز |
| Kartoffeln | batātā | بَطَاطَا |
| Nudeln | makrūna | مَكْرُونَه |

## Selbstversorger

Insider Tipp

In manchen arabischen Ländern können Sie die Betreiber kleinerer Restaurants fragen, ob sie Ihnen Fleisch oder Fisch, den Sie auf dem Markt kaufen, grillen oder nach Ihrem Wunsch zubereiten.
So bekommen Sie für wenig Geld Spezialitäten, die sonst nur in teueren Restaurants zu haben sind.

| **Obst und Süßspeisen** | fawākih wa-halāwa | فَوَاكِهُ وَ حَلَاوَى |
|---|---|---|
| Orangen | burtuqāl | بُرْتُقَالْ |
| Äpfel | tuffāh | تُفَّاحْ |
| Birnen | idschdschās | إِجَّاصْ |
| Granatäpfel | rummān | رُمَّانْ |
| Feigen | tīn | تِيْن |
| Kaktusfeigen | tīn schaukī | تِينٌ شَوكِي |
| Pfirsiche | chauch / durrāq *(Syrien)* | خَوخْ / دُرَّاقْ |
| Aprikosen | mischmisch | مِشْمِشْ |
| Mango | mangō | مَنْجُو |
| frische Datteln / getrocknete Datteln | balah / tamr | بَلَحْ / تَمْرْ |
| Trauben | 'inab | عِنَبْ |
| Maulbeeren | tūt | تُوتْ |
| Melonen | battīch | بَطِّيخْ |
| Quitten | safardschal | سَفَرْجَلْ |
| Bananen | maus | مَوز |
| Baklawa | baqlāwa | بَقْلَاوَه |
| Keks-Feingebäck | ka'k | كَعْكْ |
| Basbousa | basbūsa *(Ägypten)* | بَسْبُوسَه |
| verschiedenartige, sehr schmackhafte orientalische Süßigkeiten | halawījāt schāmīja | حَلَوِيَّاتٌ شَامِيَّه |

# قَائِمَةُ الْمَشْرُوبَاتِ

qāimat il-maschrūbāt

## Getränkekarte

| | | |
|---|---|---|
| Tee | schāi | شَايٌ |
| Tee mit Milch/ mit Zitrone | schāi bi-l-halīb/ bi-l-laimūn | شَايٌ بِالحَلِيبْ / بِاللَّيْمُونْ |
| Tee mit Minze | schāi bi-n-na'nā' *(Nordafrika)* | شَايٌ بِالنَّعْنَاعْ |
| Kaffee | qahwa | قَهْوَةٌ |
| schwarzer Kaffee | qahwa bilā halīb | قَهْوَةٌ بِلَا حَلِيبْ |
| Kaffee mit Milch | qahwa bi-l-halīb | قَهْوَةٌ بِالحَلِيبْ |
| arabischer Kaffee | qahwa 'arabīja | قَهْوَةٌ عَرَبِيَّه |
| arabischer Kaffee mit Kardamom | qahwa 'arabīja bi-l-hāl | قَهْوَةٌ عَرَبِيَّةٌ بِالهَالْ |

### ... mit wenig/mit viel Zucker

Insider Tipp

biqalīl/bikaṯīr min is-sukkar — بِقَلِيلٍ / بِكَثِيرٍ مِنَ السُّكَّرْ

Arabischer Kaffee wird meist mit Zucker gebrüht. Daher sollte man angeben, wie süß man den Kaffee möchte.

| | | |
|---|---|---|
| Kaffee mit Orangenblütenwasser | qahwa (bi-mā) s-sahr *(Tunesien)* | قَهْوَةٌ (بِمَاءِ) الزَّهْرْ |
| kalte/warme Milch | halīb bārid/sāchin | حَلِيبٌ بَارِدْ/سَاخِنْ |
| Milch mit Kakao | halīb bi-sch-schūkūlāta | حَلِيبٌ بِالشُّوكُولَاتَه |

| | | |
|---|---|---|
| Limonade | līmōnāda | لِيمُونَادَهْ |
| Mineralwasser | mā ma'danī | مَاءٌ مَعْدَنِيٌّ |
| Orangensaft | 'asīr burtuqāl | عَصِيْر بُرْتُقَالْ |
| Karottensaft | 'asīr dschasar | عَصِيْر جَزَرْ |
| Mangosaft | 'asīr mandscha | عَصِيْر مَنْجَه |
| Zuckerrohrsaft | 'asīr qasab is-sukkar *(Ägypten)* | عَصِيْر قَصَبِ السُّكَّرْ |

| | | |
|---|---|---|
| Wein | chamr/nabīḏ | خَمْرٌ/نَبِيذٌ |
| Rosé~ | nabīḏ rōsē | نَبِيذٌ رُوزِيهْ |
| Rot~ | nabīḏ ahmar | نَبِيذٌ أَحْمَرُ |
| Weiß~ | nabīḏ abjad | نَبِيذٌ أَبْيَضُ |
| Champagner | schambānijā | شَمْبَانِيَا |
| Bier | bīra | بِيرَةٌ |
| alkoholfreies ~ | bīra min ghair kuhūl | بِيرَةٌ مِنْ غَيْرِ كُحُولٍ |

## Vorsicht!

Alkohol gibt es nur in wenigen Restaurants und Hotels und ist meist teuer. Unbedingt probieren sollte man den libanesischen Wein oder den syrischen Arak (Anisschnaps). Es ist allerdings dringend zu empfehlen, sich nicht betrunken auf der Straße zu zeigen. Man kann sich dadurch große Unannehmlichkeiten einhandeln.

# Einkaufen

## Nehmen Sie Kreditkarten?

Beim Einkaufen kommen Sie mit einer der Bilderbucheigenschaften der Araber in Berührung. Geschickt wird im Souk, und nicht nur dort, gefeilscht und gehandelt. Touristen sind gern gesehene und leichte Opfer, wohingegen die einheimischen Hausfrauen besonders gefürchtet sind. Deren Taktik setzt sich vor allem aus Preiskenntnis, Standhaftigkeit (Dickköpfigkeit) und oft einer guten Geschichte zusammen. Versuchen Sie es auch einmal. Sie werden durch einen guten Preis und eine Menge Spaß belohnt!

## Öffnungszeiten

| | | |
|---|---|---|
| offen/geschlossen | maftūh/mughlaq | مَفْتُوحٌ / مُغْلَقٌ |
| Betriebsferien | 'utlat il-muassasa | عُطْلَةُ الْمُؤَسَّسَةِ |

Je nach Jahreszeit und Region sind die Geschäfte in den meisten Städten von ca. 13.00 bis 16.00 geschlossen. Dafür bleiben sie abends oft bis 21.00 Uhr und länger geöffnet.

| | | |
|---|---|---|
| Wo finde ich ...? | ain adschid ... | أَيْنَ أَجِدُ ...؟ |
| Können Sie mir ein ...-Geschäft empfehlen? | hal tastatī' an tuschīr 'alajja bi-matdschar ... | هَلْ تَسْتَطِيعُ أَنْ تُشِيرَ عَلَيَّ بِمَتْجَرِ ...؟ |
| Ich möchte ... | urīd ... | أُرِيدُ ... |
| Haben Sie ...? | hal 'indakum ... | هَلْ عِنْدَكُمْ ...؟ |
| Ich nehme es. | sa-āchuḏhu | سَآخُذُهُ |
| Wie viel kostet es? | māḏa jukallif | مَاذَا يُكَلِّفُ؟ |
| Nehmen Sie ... | hal taqbalūn ... | هَلْ تَقْبَلُونَ ... |
| Kreditkarten? | bitāqāt taslīf | بِطَاقَاتِ تَسْلِيفٍ؟ |

| | | |
|---|---|---|
| Antiquitätengeschäft | dukkān it-tuhaf il-aṯarīja | دُكَّانُ التُّحَفِ الأَثَرِيَّةِ |
| Apotheke | saidalīja → S. 52f., 63 | صَيْدَلِيَّةٌ |
| Bäckerei | machbas | مَخْبَزٌ |

## Marktpreis

Insider Tipp

Im Souk werden die Preise in der Regel ausgehandelt. Tipp: Fragen Sie den Händler nach dem Preis der Ware, und machen Sie selber kein Angebot, auch wenn er Sie darum bittet. Indem Sie auf diese Weise mehrere Händler befragen, erfahren Sie einen „Marktpreis", auf Grund dessen Sie mit Preisverhandlungen beginnen können. Falls Sie jedoch keine Lust auf diese „Prozedur" haben, sagen Sie einfach لَا أُرِيدُ أَنْ أُفَاصِلَ lā urīd an ufāsil „Ich möchte *nicht* handeln."

| | | |
|---|---|---|
| Buchhandlung | maktaba | مَكْتَبَةٌ |
| Drogerie | mahall mustahdarāt in-naḏāfa wa-t-tadschmīl → S. 53f., 63 | مَحَلُّ مُسْتَحْضَرَاتِ النَّظَافَةِ وَالتَّجْمِيلِ |
| Elektrohandlung | mahall bai' il-adawāt il-kahrabāīja → S. 54, 64 | مَحَلُّ بَيْعِ الأَدَوَاتِ الْكَهْرَبَائِيَّةِ |
| Fotogeschäft | mahall taswīr → S. 54f., 64 | مَحَلُّ تَصْوِيرٍ |
| Friseur *(Herren)* | hallāq | حَلاَّقٌ |
| *(Damen)* | kwāfēr → S. 55f. | كُوَافِيرْ |
| Gemüsehändler | bāi' il-chudar | بَائِعُ الْخُضَرِ |
| Haushaltswarengeschäft | mahall il-adawāt il-mansilīja | مَحَلُّ الأَدَوَاتِ الْمَنْزِلِيَّةِ |
| Juwelier | dschauharī → S. 61 | جَوْهَرِيٌّ |
| Kaufhaus | matdschar kabīr | مَتْجَرٌ كَبِيرٌ |
| Lebensmittelgeschäft | dukkān il-baqqāl → S. 56 ff. | دُكَّانُ الْبَقَّالِ |
| Markt | sūq | سُوقٌ |
| Metzgerei | dukkān il-dschassār | دُكَّانُ الْجَزَّارِ |
| Optiker | mahall in-naḏḏārātī → S. 60 | مَحَلُّ النَّظَّارَاتِيِّ |
| Reisebüro | maktab is-safar | مَكْتَبُ السَّفَرِ |
| Schuhgeschäft | mahall il-ahḏija → S. 60 | مَحَلُّ الأَحْذِيَةِ |
| Tabakladen | dukkān it-tabgh/dukkān id-duchān → S. 62, 64 | دُكَّانُ التَّبْغِ/دُكَّانُ الدُّخَانِ |
| Zeitungskiosk | kuschk il-dscharāid → S. 61 f. | كُشْكُ الْجَرَائِدِ |

## Freitag ist Sonntag

Freitag ist in Arabien der Sonntag. An diesem islamischen Feiertag wird viel Zeit mit der Familie verbracht und die Männer gehen zur Mittagszeit in die Moschee. Dennoch findet man auch am Freitag geöffnete Geschäfte: In fast jeder größeren Stadt gibt es ein Christenviertel, in dem natürlich dann am Sonntag die Läden geschlossen sind.

## APOTHEKE — saidalīja — صَيْدَلِيَّةٌ

| | | |
|---|---|---|
| Wo ist die nächste Apotheke (mit Nachtdienst)? | ain aqrab saidalīja (munāwiba) | أَيْنَ أَقْرَبُ صَيْدَلِيَّةٍ (مُنَاوِبَةٍ) |
| Geben Sie mir bitte etwas gegen ... | a'tinī (*f* a'tīnī) schai min fadlak (*f*-ik) didd ... | أَعْطِنِي شَيْئًا مِنْ فَضْلِكَ ضِدَّ ... |
| einnehmen | tanāwala/achaḏa | تَنَاوَلَ / أَخَذَ |
| äußerlich | li-l-isti'māl il-chāridschī | لِلاسْتِعْمَالِ الْخَارِجِيِّ |
| vor dem Essen | qabl il-akl | قَبْلَ الأَكْلِ |
| nach dem Essen | ba'd il-akl | بَعْدَ الأَكْلِ |
| Antibabypille | hubūb man' il-haml | حُبُوبُ مَنْعِ الْحَمْلِ |
| Antibiotikum | muddādd hajawī | مُضَادٌّ حَيَوِيٌّ |
| Brandsalbe | marham didd il-hurūq | مَرْهَمٌ ضِدَّ الْحُرُوقِ |
| Fieberthermometer | mīsān harāra (tibbī) | مِيزَانُ حَرَارَةٍ (طِبِّيٌّ) |
| Gegengift | tirjāq/didd is-summ | تِرْيَاقٌ / ضِدُّ السُّمِّ |
| Halstabletten | hubūb li-l-halq | حُبُوبٌ لِلْحَلْقِ |
| Hustensaft | scharāb didd is-su'āl | شَرَابٌ ضِدَّ السُّعَالِ |
| Insektenmittel | mubīd hascharāt | مُبِيدُ حَشَرَاتٍ |
| Insulin | ansūlīn | أَنْسُولِينْ |
| Jod(tinktur) | jūd/sabghat il-jūd | يُودٌ / صَبْغَةُ الْيُودِ |
| Kopfschmerz-tabletten | aqrās didd is-sudā' | أَقْرَاصٌ ضِدَّ الصُّدَاعِ |
| Kreislaufmittel | dawā li-adschl id-daura d-damawīja | دَوَاءٌ لِأَجْلِ الدَّوْرَةِ الدَّمَوِيَّةِ |
| Magenmittel | dawā li-l-ma'ida | دَوَاءٌ لِلْمَعِدَةِ |
| Medikament | dawā | دَوَاءٌ |
| Mullbinde | ribāt schāsch | رِبَاطُ شَاشٍ |
| Nebenwirkungen | āṯār dschānibīja | آثَارٌ جَانِبِيَّةٌ |

| | | |
|---|---|---|
| Ohrentropfen | qatra li-l-uḏun | قَطْرَةٌ لِلأُذُنِ |
| Pflaster | scharīt lāsiq | شَرِيطٌ لَاصِقٌ |
| Rezept | wasfa | وَصْفَةٌ |
| Schlaftabletten | aqrās munawwima | أَقْرَاصٌ مُنَوِّمَةٌ |
| Schmerztabletten | aqrās didd il-alam | أَقْرَاصٌ ضِدَّ الأَلَمِ |
| Sonnenbrand | lat' isch-schams | لَطْعُ الشَّمْسِ |

## DROGERIE

مَحَلُّ مُسْتَحْضَرَاتِ النَّظَافَةِ وَالتَّجْمِيلِ
mahall mustahdarāt in-naḏāfa wa-t-tadschmīl

| | | |
|---|---|---|
| Bürste | furscha | فُرْشَةٌ |
| Creme | krīm | كْرِيمٌ |
| Damenbinden | fuwat nisāīja | فُوَطٌ نِسَائِيَّةٌ |
| Deo(dorant) | musīl ir-rāiha | مُزِيلُ الرَّائِحَةِ |
| Haar\|bürste | furschat isch-scha'r | فُرْشَةُ الشَّعْرِ |
| ~waschmittel | schāmbō | شَامْبُو |
| Kamm | muscht | مُشْطٌ |
| Papiertaschentücher | manādīl il-waraq | مَنَادِيلُ الْوَرَقِ |
| Pflaster | scharīt lāsiq | شَرِيطٌ لَاصِقٌ |
| Pinzette | milqat | مِلْقَطٌ |
| Präservativ | kabbūd/wāqi | كَبُّودٌ/وَاقٍ |
| Rasierklinge | schafrat il-hilāqa | شَفْرَةُ الْحِلَاقَةِ |
| ~pinsel | furschat il-hilāqa | فُرْشَةُ الْحِلَاقَةِ |
| ~seife | sābūn il-hilāqa | صَابُونُ الْحِلَاقَةِ |
| Saugflasche | raddā'a | رَضَّاعَةٌ |
| Schnuller | massāsa/bassāsa | مَصَّاصَةٌ/بَزَّازَةٌ |
| Seife | sābūn | صَابُونٌ |

| | | |
|---|---|---|
| Sonnencreme | krīm li-sch-schams | كْرِيمٌ لِلشَّمْسِ |
| Spiegel | mirā | مِرْآةٌ |
| Tampons | fuwat nisāīja ustuwānīja | فُوَطٌ نِسَائِيَّةٌ أُسْطُوَانِيَّةٌ |
| Toilettenpapier | waraq il-mirhād | وَرَقُ الْمِرْحَاضِ |
| Windeln | hifāḏāt/fuwat | حِفَاظَاتٌ / فُوَطٌ |
| Zahn\|bürste | furschat asnān | فُرْشَةُ أَسْنَانٍ |
| ~pasta | ma'dschūn asnān | مَعْجُونُ أَسْنَانٍ |

## ELEKTROHANDLUNG

مَحَلُّ بَيْعِ الأَدَوَاتِ الْكَهْرَبَائِيَّةِ
mahall bai' il-adawāt il-kahrabāīja

| | | |
|---|---|---|
| Batterie | battārīja | بَطَّارِيَّةٌ |
| CD/Compactdisc | sī dī | سِي دِي |
| Kassette | kāsīt | كَاسِيتْ |
| Schallplatte | ustuwāna | أُسْطُوَانَةٌ |
| Taschenlampe | misbāh dschaib | مِصْبَاحُ جَيْبٍ |
| Video\|film | film fīdjū | فِلْمُ فِيدْيُو |
| ~kassette | scharīt fīdjū | شَرِيطُ فِيدْيُو |
| Walkman® | wokmān | وُكْمَانْ |

## FOTOARTIKEL

lawāsim it-taswīr لَوَازِمُ التَّصْوِيرِ

Ich möchte ...
أُرِيدُ ...
urīd ...

einen Film für diesen Fotoapparat.
فِلْمًا لِآلَةِ التَّصْوِيرِ هَذِهِ
film li-ālat it-taswīr hāḏihi

einen Farbfilm für Dias.
فِلْمَ شَرَائِحَ ضَوْئِيَّةٍ مُلَوَّنًا
film scharāih dauīja mulawwan

Das ist kaputt.
هَذَا مُعَطَّلٌ.
hāḏā mu'attal

Können Sie es bitte reparieren?
هَلْ مِنَ الْمُمْكِنِ أَنْ تُصْلِحَهُ مِنْ فَضْلِكَ؟
hal min il-mumkin an tuslihahu min fadlak

| | | |
|---|---|---|
| Auslöser | mutliq/miftāh | مُطْلِقٌ / مِفْتَاحٌ |
| Blitzgerät, Blitzwürfel | flāsch/dau lāqit | فْلَاشْ / ضَوْءٌ لَاقِطٌ |
| Film\|empfindlichkeit | hasāsījat il-film | حَسَاسِيَّةُ الْفِلْمِ |
| ~kamera | ālat taswīr sīnamāī | آلَةُ تَصْوِيرٍ سِينَمَائِيٍّ |
| Linse | 'adasa | عَدَسَةٌ |
| Objektiv | 'adasa schajīja | عَدَسَةٌ شَيْئِيَّةٌ |
| Schwarzweiß-Film | film abjad wa-aswad | فِلْمٌ أَبْيَضُ وَأَسْوَدُ |

## FRISEUR *(Herren)* *(Damen)*

hallāq حَلَّاقٌ
kwāfēr كْوَافِيرْ

Kann ich mich für morgen anmelden?
هَلْ أَسْتَطِيعُ أَنْ آخُذَ مَوْعِدًا لِيَوْمِ غَدٍ؟
hal astatī' an āchud mau'id li-jaum ghad

Waschen und föhnen/legen, bitte.
غَسِيلٌ وَتَجْفِيفٌ / وَلَفٌّ مِنْ فَضْلِكَ
ghasīl wa tadschfīf/wa laff min fadlak (*f*-ik)

Schneiden mit/ohne Waschen, bitte.
قَصٌّ مَعَ / بِدُونِ غَسِيلٍ مِنْ فَضْلِكَ
qass ma'/bidūn ghasīl min fadlak (*f*-ik)

Nicht zu kurz, bitte.
مِنْ فَضْلِك، لَيْسَ قَصِيرًا جِدًّا
min fadlak (*f*-ik), laisa qasīr dschiddan

Ganz kurz, bitte.
مِنْ فَضْلِك، قَصِيرًا جِدًّا
min fadlak (*f*-ik), qasīr dschiddan

Etwas kürzer, bitte.
مِنْ فَضْلِك، أَقْصَرَ قَلِيلًا
min fadlak (*f*-ik), aqsar qalīl

Rasieren, bitte.
أَرْجُوكَ حَلْقَ الذَّقْنِ
ardschūk halq id-daqn

Stutzen Sie mir bitte den Bart.
قَصِّرْ لِي اللِّحْيَةَ مِنْ فَضْلِكَ
qassir lī l-lihja min fadlak

Vielen Dank. So ist es gut.
شُكْرًا جَزِيلًا، هَكَذَا حَسَنٌ
schukran dschasīlān, hākadā hasan

| | | |
|---|---|---|
| Bart | lihja | لِحْيَةٌ |
| Dauerwelle | tamwīdsch | تَمْوِيجٌ |
| färben | sabagha | صَبَغَ |
| föhnen | dschaffafa | جَفَّفَ |
| Frisur | tasrīha/tasfīfa | تَسْرِيحَةٌ/تَصْفِيفَةٌ |
| Haar | scha'r | شَعْرٌ |
| ~schnitt | qass isch-scha'r | قَصُّ الشَعْرِ |
| Schnurrbart | schārib | شَارِبٌ |
| Shampoo | schāmbō | شَامْبُو |
| tönen | lawwana | لَوَّنَ |

## HAUSHALTSWAREN

اَلأَدَوَاتُ المَنْزِلِيَّةُ
al-adawāt il-mansilīja

| | | |
|---|---|---|
| Brennspiritus | sibirtū waqūd | سِبِرْتُو وَقُودٍ |
| Dosenöffner | miftāh il-'ulab | مِفْتَاحُ الْعُلَبِ |
| Flaschenöffner | miftāh is-sudschādschāt | مِفْتَاحُ الزُّجَاجَاتِ |
| Grillkohle | fahm li-sch-schawwāja | فَحْمٌ لِلشَّوَّايَةِ |
| Kerzen | scham'āt | شَمْعَاتٌ |
| Petroleum | kīrūsīn | كِيرُوسِينْ |
| Plastikbeutel | kīs blāstīk | كِيسُ بْلَاسْتِيكْ |
| Taschenmesser | mitwā/sikkīn dschaib | مِطْوَاةٌ/سِكِّينُ جَيْبٍ |

## LEBENSMITTEL

al-mawādd il-ghidāīja اَلمَوَادُّ الْغِذَائِيَّةُ

Eine ausführliche Übersicht von Lebensmitteln und Gerichten finden Sie im Kapitel ESSEN & TRINKEN auf Seite 43 ff.

| | | |
|---|---|---|
| Was darf es sein? | mādā turīd (*f* turīdīn)/ | مَاذَا تُرِيدُ/ |
| | mādā tawadd (*f* tawaddīn) | مَاذَا تَوَدُّ؟ |

| | | |
|---|---|---|
| Geben Sie mir bitte ... | a'tinī (*f* a'tīnī) min fadlak (*f*-ik) ... | أَعْطِنِي مِنْ فَضْلِكَ ... |
| ein Kilo ... | kīlō ... | كِيلُو ... |
| 100 Gramm ... | miat ghrām ... | مِئَةَ غْرَامٍ ... |
| ein Stück von ... | qit'a min ... | قِطْعَةً مِنْ ... |
| eine Packung ... | 'ulbat ... | عُلْبَةَ ... |
| ein Glas | kas ... | كَأْسَ ... |
| eine Dose ... | 'ulbat ... | عُلْبَةَ ... |
| eine Flasche ... | sudschādschat ... | زُجَاجَةَ ... |
| eine Einkaufstüte. | kīs (li-l-muschtarajāt) | كِيسًا ( لِلْمُشْتَرَيَاتِ ) |
| Danke, das ist alles. | schukran, hāḏā kull schai | شُكْرًا، هَذَا كُلُّ شَيْءٍ |
| Babynahrung | ta'ām ir-rudda' | طَعَامُ الرُّضَّعِ |
| Bier | bīra | بِيرَةٌ |
| Brot | chubs | خُبْزٌ |
| Butter | subda | زُبْدَةٌ |
| Eier | baid | بَيْضٌ |
| Eis | dschīlāti | جِيلَاتِي |
| Fisch | samak → S. 41, 45 | سَمَكٌ |
| Fleisch | lahm → S. 45 | لَحْمٌ |
| frisch | tāsadsch | طَازَجٌ |
| Gebäck | ka'k wa fatāir → S. 46 | كَعْكٌ وَفَطَائِرُ |
| Gemüse | chudar → S. 39, 45 | خُضَرٌ |
| Hackfleisch | lahm mafrūm | لَحْمٌ مَفْرُومٌ |
| Joghurt | laban sabādī | لَبَنٌ زَبَادِيْ |
| Käse | dschubn → S. 43 | جُبْنٌ |
| Kekse | baskawīt/baskōt | بَسْكَوِيتْ / بَسْكُوتْ |
| Knoblauch | ṯūm | ثُومٌ |
| Konserven | mu'allabāt | مُعَلَّبَاتٌ |
| Kuchen | gātō → S. 46 | جَاتُوهْ |

| | | |
|---|---|---|
| Marmelade | murabba → S. 43 | مُرَبَّى |
| Milch | halīb/laban *(äg.)* | حَلِيبٌ/لَبَنٌ |
| Nüsse | dschaus | جَوْزٌ |
| Obst | fākiha/fawākih → S. 40, 46 | فَاكِهَةٌ/فَوَاكِهُ |
| Öl | sait | زَيْتٌ |
| Sahne | qischda/qischta | قِشْدَةٌ/قِشْطَةٌ |
| Salat | salata | سَلَطَةٌ |
| Salz | milh | مِلْحٌ |
| Schokolade | schōkōlāta | شُوكُولَاتَةٌ |
| Suppe | schurba → S. 44 | شُرْبَةٌ |
| Süßigkeiten | sakākir/sukkarījāt → S. 46 | سَكَاكِرُ/سُكَّرِيَّاتٌ |
| Würstchen | naqāniq | نَقَانِقُ |

## MODE

mōda

مُوضَةٌ

Können Sie mir ... zeigen?

هَلْ تَسْتَطِيعُ أَنْ تُرِيَنِي ...؟
hal tastatī' (*f* tastatī'īn) an turīnī ...

Kann ich es anprobieren?

هَلْ مِنَ الْمُمْكِنِ أَنْ أُجَرِّبَهُ؟
hal min il-mumkin an udscharribhu

Welche (Konfektions-) Größe haben Sie?

مَا هُوَ مَقَاسُكَ؟
mā huwa maqāsak (*f*-ik)

Das ist mir zu ...

هَذَا ...
hāḏā ...

eng/weit.

ضَيِّقٌ/وَاسِعٌ كَثِيرًا عَلَيَّ
dajjiq/wāsi' kaṯīr 'alajja

kurz/lang.

قَصِيرٌ/طَوِيلٌ كَثِيرًا عَلَيَّ
qasīr/tawīl kaṯīr 'alajja

klein/groß.

صَغِيرٌ/كَبِيرٌ كَثِيرًا عَلَيَّ
saghīr/kabīr kaṯīr 'alajja

| | | |
|---|---|---|
| Bade\|anzug | libās is-sibāha | لِبَاسُ السِّبَاحَةِ |
| ~hose | sirwāl is-sibāha/mājō | سِرْوَالُ السِّبَاحَةِ / مَايُوهْ |
| ~mantel | burnus il-hammām | بُرْنُسُ الْحَمَّامِ |
| Baumwolle | qutn | قُطْنٌ |
| Bikini | bīkīnī | بِيكِينِي |
| Bluse | qamīs nisāī/blūsa | قَمِيصٌ نِسَائِيٌّ / بْلُوزَه |
| Farbe | laun | لَوْنٌ |
| Frottee | qumāsch il-manāschif | قُمَاشُ الْمَنَاشِفِ |
| Gürtel | hisām | حِزَامٌ |
| Hand\|schuhe | qafāfīs/qaffāsāt | قَفَافِيزُ / قَفَّازَاتٌ |
| ~tasche | haqībat il-jad | حَقِيبَةُ الْيَدِ |
| Hemd | qamīs | قَمِيصٌ |
| Hose | bantalūn/sirwāl | بَنْطَلُونٌ / سِرْوَالٌ |
| Hut | qubba'a | قُبَّعَةٌ |
| Jacke | sutra/dschākīt | سُتْرَةٌ / جَاكِيتْ |
| Jeans | dschīns | جِينْزْ |
| Kleid | fustān/ṭaub | فُسْتَانٌ / ثَوْبٌ |
| Krawatte | ribāt il-'unuq/krawatte | رِبَاطُ الْعُنُقِ / كْرَافَتّه |
| Mantel | mi'taf | مِعْطَفٌ |
| Mütze | tāqīja | طَاقِيَّةٌ |
| Nachthemd | qamīs in-naum | قَمِيصُ النَّوْمِ |
| Pullover | kansa/bulufar | كَنْزَةٌ / بُلُوفَرْ |
| Pyjama | bīdschāmā | بِيجَامَا |
| Regenmantel | mi'taf muschamma' | مِعْطَفٌ مُشَمَّعٌ |
| Rock | tannūra | تَنُّورَةٌ |
| Seide | harīr | حَرِيرٌ |
| Unter\|hemd | qamīs dāchilī | قَمِيصٌ دَاخِلِيٌّ |
| ~hose | sirwāl dāchilī | سِرْوَالٌ دَاخِلِيٌّ |
| ~wäsche | malābis dāchilīja | مَلَابِسُ دَاخِلِيَّةٌ |
| Wolle | sūf | صُوفٌ |

| SCHUHGESCHÄFT | mahall il-ahḏija | مَحَلُّ الأَحْذِيَةِ |
|---|---|---|
| Ich möchte ein Paar ...schuhe. | urīd saudsch ahḏija ... | أُرِيدُ زَوْجَ أَحْذِيَةِ ... |
| Ich habe Schuhgröße ... | qijās ahḏijatī ... | قِيَاسُ أَحْذِيَتِي ... |
| Sie sind zu eng/weit. | humā dajjiqān/ wāsi'ān kaṯīr | هُمَا ضَيِّقَانِ/وَاسِعَانِ كَثِيرًا |
| Sandalen | sandal | صَنْدَلٌ |
| Schuh\|e | hiḏā *(sing)*/ahḏija *(pl)* | حِذَاءٌ / أَحْذِيَةٌ |
| ~creme | dihān il-ahḏija/būja | دِهَانُ الأَحْذِيَةِ/بُويَه |
| Stiefel | dschasma/hiḏā schatwī | جَزْمَةٌ/حِذَاءٌ شَتْوِيٌّ |
| Turnschuh | hiḏā r-rijāda | حِذَاءُ الرِّيَاضَةِ |

| OPTIKER | mahall in-naḍḍārātī | مَحَلُّ النَّظَّارَاتِيِّ |
|---|---|---|
| Würden Sie mir bitte die Brille reparieren? | | أُرِيدُ تَصْلِيحَ النَّظَارَةِ مِنْ فَضْلِكَ<br>urīd taslīh in-naḍāra min fadlak (*f*-ik) |
| Ich bin kurzsichtig/ weitsichtig. | | عِنْدِي قِصَرُ/طُولُ نَظَرٍ<br>'indī qisar/tūl naḍar |
| Wie ist Ihre Sehstärke? | | مَا هِيَ قُوَّةُ بَصَرِكَ؟<br>mā hija quwwat basarak (*f*-ik) |
| rechts plus/minus ... | | فِي الْيَمِينِ، زَائِدٌ/نَاقِصٌ ...<br>fī l-jamīn, sāid/nāqis ... |
| links plus/minus ... | | فِي الْيَسَارِ، زَائِدٌ/نَاقِصٌ ...<br>fī l-jasār, sāid/nāqis ... |
| Ich suche ein Fernglas. | | أُفَتِّشُ عَنْ مِنْظَارٍ<br>ufattisch 'an minḍār |

| SCHMUCK | hali | حَلْيٌ |
|---|---|---|
| Ich möchte ein hübsches Andenken. | | أُرِيدُ تَذْكَارًا جَمِيلًا<br>urīd taḏkār dschamīl |
| Ich möchte ein hübsches Geschenk. | | أُرِيدُ هَدِيَّةً جَمِيلَةً<br>urīd hadīja dschamīla |
| Armband | siwār | سِوَارٌ |
| ~uhr | sā'at jad | سَاعَةُ يَدٍ |
| Brosche | burōsch/mischbak | بْرُوش / مِشْبَكٌ |
| Gold | ḏahab | ذَهَبٌ |
| Kette | 'iqd | عِقْدٌ |
| Kristall | krīstāl/billaur | كْرِيسْتَالْ / بِلَّوْرٌ |
| Ohrringe | halaq | حَلَقٌ |
| Perle | lulua | لُؤْلُؤَةٌ |
| Ring | chātim/chātam | خَاتِمٌ / خَاتَمٌ |
| Silber | fidda | فِضَّةٌ |

| SCHREIBWAREN | qirtāsīja | قِرْطَاسِيَّةٌ |
|---|---|---|
| Haben Sie deutsche Zeitungen/Zeitschriften? | | هَلْ عِنْدَكَ صُحُفٌ / مَجَلَّاتٌ أَلْمَانِيَّةٌ؟<br>hal 'indak (*f*-ik) suhuf/madschallāt almānīja |
| Ich hätte gern ... | | أُرِيدُ ...<br>urīd ... |
| einen Reiseführer. | | دَلِيلًا سِيَاحِيًّا<br>dalīl sījāhī |
| eine Wanderkarte von dieser Gegend. | | خَرِيطَةً لِلتَّجْوَالِ فِي هَذِهِ الْمِنْطَقَةِ<br>charīta li-t-tadschwāl fī hāḏihi l-mintaqa |
| Ansichtskarte | bitāqa musauwara | بِطَاقَةٌ مُصَوَّرَةٌ |
| Brief\|marke | tābi' l-barīd | طَابِعُ الْبَرِيدِ |
| ~umschlag | ḏarf ir-risāla | ظَرْفُ الرِّسَالَةِ |
| Kugelschreiber | qalam il-hibr il-dschāff | قَلَمُ الْحِبْرِ الْجَافِّ |
| Landkarte | charīta | خَرِيطَةٌ |

| | | |
|---|---|---|
| Notizblock | muḏakkira/mufakkira | مُذَكِّرَةٌ/مُفَكِّرَةٌ |
| Reiseführer | dalīl sijāhī | دَلِيلٌ سِيَاحِيٌّ |
| Stadtplan | charītat il-madīna | خَرِيطَةُ اْلـمَدِينَةِ |
| Straßenkarte | charītat isch-schawāri' | خَرِيطَةُ الشَّوَارِع |
| Wanderkarte | charīta li-t-tadschwāl | خَرِيطَةٌ لِلتَّجْوَالِ |
| Zeitschrift | madschalla | مَجَلَّةٌ |
| Zeitung | dscharīda/sahīfa | جَرِيدَةٌ/صَحِيفَةٌ |

## TABAKWAREN ad-duchān الدُّخَانُ

Ein Päckchen/Eine Stange ... *(Marke)* mit/ohne Filter, bitte.
أُرِيدُ عُلْبَةَ/جُرُوزَ سَجَائِرَ ... مَعَ / بِدُونِ فِلْتَرٍ مِنْ فَضْلِكَ
urīd 'ulbat/dschrūs sagāir ... ma' *(mit)*/bidūn *(ohne)* filtar min fadlak (*f*-ik)

Zehn Zigarren, bitte.
عَشَرَةً مِنَ السِّيجَارِ مِنْ فَضْلِكَ
'aschara min is-sīdschār min fadlak (*f*-ik)

Eine Schachtel Streichhölzer, bitte.
عُلْبَةَ كِبْرِيتٍ مِنْ فَضْلِكَ
'ulbat kibrīt min fadlak (*f*-ik)

# Bilder zum Zeigen

## Kleidung

# in der Drogerie

# Bilder
## zum Zeigen

Elektroartikel

Schreiben & Rauchen

# Übernachtung

## Ein Doppelzimmer, bitte

Lange Zeit stellte die fehlende oder unzureichende Hotellerie eines der großen Hindernisse bei Reisen in die arabische Welt dar. Heute sind in den Städten Hotels aller Kategorien und für jeden Geldbeutel zu finden. Auf dem Lande wird der anspruchsvolle Kunde jedoch nach wie vor noch Abstriche machen müssen. Oft ist es aber gerade die kleine einfache Herberge, die Einblick in Kultur und Lebensweisen eröffnet. Hier findet man die lokale Küche, gute Tipps, was man wo am Besten kauft, was man sich noch so alles anschauen sollte …

| | | |
|---|---|---|
| Können Sie mir bitte ... empfehlen? | هَلْ مِنَ الْمُمْكِنِ أَنْ تُرْشِدَنِي إِلَى ... | hal min il-mumkin an turschidnī (/turschidīnī) ilā ... |
| ein gutes Hotel | فُنْدُقٍ جَيِّدٍ؟ | funduq dschajjid |
| eine Pension | نُزُلٍ / بَنْسْيُونْ؟ | nusul/bansjōn |
| Gibt es hier einen Campingplatz/ eine Jugendherberge? | هَلْ يُوْجَدُ هُنَا مُخَيَّمٌ/بَيْتٌ لِلشَّبَابِ؟ | hal jūdschad hunā muchajjam/ bait li-sch-schabāb |

## ... IM HOTEL

| **REZEPTION** | maktab il-istiqbāl | مَكْتَبُ الاِسْتِقْبَالِ |
|---|---|---|
| Ich habe bei Ihnen ein Zimmer reserviert. Mein Name ist ... | حَجَزْتُ غُرْفَةً لَدَيْكُمْ، إِسْمِي ... | hadschastu ghurfa ladaikum, ismī ... |
| Haben Sie noch Zimmer frei? | هَلْ لَدَيْكُمْ غُرْفَةٌ ... | hal ladaikum ghurfa ... |
| ... für eine Nacht. | لِلَيْلَةٍ وَاحِدَةٍ؟ | li-laila wāhida |
| ... für zwei Tage. | لِيَوْمَيْنِ؟ | li-jaumain |
| ... für eine Woche. | لِأُسْبُوعٍ؟ | li-usbū' |
| Ja, was für ein Zimmer wünschen Sie? | نَعَمْ، مَاذَا تُرِيدُ؟ | na'am, māḏā turīd (/turīdīn) |
| ein Einzelzimmer | غُرْفَةٌ لِشَخْصٍ وَاحِدٍ ... | ghurfa li-schachs wāhid |
| ein Zweibettzimmer | غُرْفَةٌ لِشَخْصَيْنِ | ghurfa li-schachsain |

| | | |
|---|---|---|
| mit Dusche. | فِيهَا دُوشْ | fīhā dūsch |
| mit Bad. | فِيهَا حَمَّامٌ | fīhā hammām |
| Kann ich das Zimmer ansehen? | هَلْ أَسْتَطِيعُ مُشَاهَدَةَ الْغُرْفَةِ؟ | hal astatī' muschāhadat il-ghurfa |
| Was kostet das Zimmer mit ... | كَمْ تُكَلِّفُ الْغُرْفَةُ ... | kam tukallif il-ghurfa ... |
| Frühstück? | مَعَ الْفُطُورِ؟ | ma'a l-futūr |
| Halbpension? | مَعَ وَجْبَتَيْنِ؟ | ma'a wadschbatain |
| Vollpension? | مَعَ ثَلَاثِ وَجَبَاتٍ؟ | ma'a ṯalāṯ wadschabāt |
| Wo ist der Speisesaal? | أَيْنَ قَاعَةُ الطَّعَامِ؟ | ain qā'at it-ta'ām |

Frühstück: ESSEN & TRINKEN, → S. 42 f.

| | | |
|---|---|---|
| Bitte meinen Schlüssel. | مِفْتَاحِي مِنْ فَضْلِك | miftāhī min fadlak (*f*-ik) |

## BEANSTANDUNGEN schakāwā شَكَاوَى

| | | |
|---|---|---|
| Das Zimmer ist nicht gereinigt worden. | اَلْغُرْفَةُ لَمْ تُنَظَّفْ | al-ghurfa lam tunaḏḏaf |
| Die Dusche ... | الدُّوشُ ... | ad-dūsch ... |
| Die Spülung ... | اَلسِّيفُونْ ... | as-sīfōn ... |
| Die Heizung ... | اَلتَّدْفِئَةُ ... | at-tadfia ... |
| Das Licht ... | اَلْمِصْبَاحُ / اَلضَّوْءُ ... | al-misbāh/ad-dau ... |
| funktioniert nicht. | لَا يَشْتَغِلُ | lā jaschtaghil |
| Es kommt kein (warmes) Wasser. | لَا يُوْجَدُ مَاءٌ (سَاخِنٌ) | lā jūdschad mā (sāchin) |

## ABREISE | safar/mughādara | سَفَرٌ/مُغَادَرَةٌ

Ich reise heute Abend/ morgen um ... Uhr ab.
أُسَافِرُ الْيَوْمَ مَسَاءً/صَبَاحًا السَّاعَةَ ...
usāfir il-jaum masāan/sabāhan is-sā'a ...

Machen Sie bitte die Rechnung fertig.
جَهِّزْ لِي الْحِسَابَ، مِنْ فَضْلِكَ
dschahhis (*f* dschahhisī) lī l-hisāb, min fadlak (*f*-ik)

Vielen Dank für alles! Auf Wiedersehen!
شُكْرًا جَزِيلًا وَوَدَاعًا!
schukran dschasīlān wa wadā'an

| | | |
|---|---|---|
| Abendessen | 'aschā | عَشَاءٌ |
| Anmeldung | tasdschīl | تَسْجِيلٌ |
| Badezimmer | hammām | حَمَّامٌ |
| Bett | sarīr | سَرِيرٌ |
| Dusche | miraschscha/dūsch | مِرَشَّةٌ/دُوشْ |
| Etage | tābiq/daur *(äg.)* | طَابِقٌ/دَوْرٌ |
| Fenster | nāfiḏa/schubbāk | نَافِذَةٌ/شُبَّاكٌ |
| Frühstück | futūr | فُطُورٌ |
| Frühstücksraum | qā'at il-futūr | قَاعَةُ الْفُطُورِ |
| Halbpension | iqāma ma'a wadschbatain | إِقَامَةٌ مَعَ وَجْبَتَيْنِ |
| Handtuch | fūta *(äg.)*/baschkīr *(syr.)* | فُوطَةٌ / بَشْكِيرٌ |
| Hauptsaison | al-mausim is-sijāhī | اَلْمَوْسِمُ السِّيَاحِيُّ |
| Heizung | tadfia | تَدْفِئَةٌ |
| Kinderbett | sarīr atfāl | سَرِيرُ أَطْفَالٍ |
| Klimaanlage | dschihās takjīf il-hawā | جِهَازُ تَكْيِيفِ الْهَوَاءِ |
| Mittagessen | ghadā | غَدَاءٌ |
| Nachsaison | mā ba'd il-mausim is-sijāhī | مَا بَعْدَ الْمَوْسِمِ السِّيَاحِيِّ |
| Pension | nusul/bansjōn | نُزُلٌ/بَنْسِيُونْ |
| Portier | bawwāb | بَوَّابٌ |
| reinigen | naḏḏafa | نَظَّفَ |
| Reservierung | hadschs | حَجْزٌ |
| Rezeption | maktab il-istiqbāl | مَكْتَبُ الِاسْتِقْبَالِ |
| Safe | chisāna hadīdīja | خِزَانَةٌ حَدِيدِيَّةٌ |

| | | |
|---|---|---|
| Schlüssel | miftāh | مِفْتَاحٌ |
| Speisesaal | qā'at it-ta'ām | قَاعَةُ الطَّعَامِ |
| Steckdose | maqbis/barīsa *(äg.)* | مَقْبِسٌ / بَرِيزَةْ |
| Stecker | qābis/fīscha *(äg.)* | قَابِسٌ / فِيشَةْ |
| Toilette | mirhād/tuwālēt | مِرْحَاضٌ / تُوَالِيت |

## Toiletten

Bitte werfen Sie nichts in die Toilette, auch kein Papier, weil die Abwasserleitungen leicht verstopfen. Für Abfälle gibt es kleine Mülleimer. Es empfiehlt sich Toilettenpapier mitzunehmen, da es auf vielen Toiletten fehlt.

| | | |
|---|---|---|
| Übernachtung | mabīt | مَبِيتٌ |
| Vollpension | iqāma ma'a ṯalāṯ wadschabāt | إِقَامَةٌ مَعَ ثَلَاثِ وَجَبَاتٍ |
| Vorsaison | mā qabl il-mausim is-sijāhī | مَا قَبْلَ الْمَوْسِمِ السِّيَاحِيِّ |
| Waschbecken | maghsala | مَغْسَلَةٌ |
| Wasser | mā | مَاءٌ |
| ~hahn | hanafīja | حَنَفِيَّةٌ |
| Zimmer | ghurfa | غُرْفَةٌ |
| ~mädchen | chādima | خَادِمَةٌ |
| Zwischenstecker | qābis far'ī/fīsch | قَابِسٌ فَرْعِيٌّ / فِيشْ |

## ... im Ferienhaus

Ist der Strom-/Wasserverbrauch im Mietpreis enthalten?
هَلْ تَتَضَمَّنُ الأُجْرَةُ اسْتِهْلَاكَ الْكَهْرَبَاءِ وَالْمَاءِ؟
hal tatadamman il-udschra istihlāk il-kahrabā wa-l-mā

| | | |
|---|---|---|
| Anreisetag | jaum il-wusūl | يَوْمُ الْوُصُولِ |
| Apartment | schiqqa | شِقَّةٌ |
| Bungalow | binghālō | بِنْغَالُو |
| Ferien\|anlage | mutanassa li-qadā l-idschāsāt | مُتَنَزَّهٌ لِقَضَاءِ الإِجَازَاتِ |
| ~haus | bait mafrūsch (li-l-idschāsa) | بَيْتٌ مَفْرُوشٌ (لِلإِجَازَةِ) |
| ~wohnung | schiqqa mafrūscha (li-l-idschāsa) | شِقَّةٌ مَفْرُوشَةٌ (لِلإِجَازَةِ) |

| | | |
|---|---|---|
| Herd | mauqid/furn | مَوْقِدٌ / فُرْنٌ |
| Kochnische | matbach saghīr | مَطْبَخٌ صَغِيرٌ |
| Kühlschrank | ṯallādscha/barrād | ثَلاَّجَةٌ / بَرَّادٌ |
| Miete | udschra | أُجْرَةٌ |
| Müll | qumāma/subāla | قُمَامَةٌ / زُبَالَةٌ |
| Nebenkosten | takālīf idāfīja | تَكَالِيفُ إِضَافِيَّةٌ |
| Schlafzimmer | ghurfat in-naum | غُرْفَةُ النَّوْمِ |
| Strom | kahrabā | كَهْرَبَاءٌ |
| vermieten | adschdschara | أَجَّرَ |
| Waschmaschine | ghassāla | غَسَّالَةٌ |

## ... Auf dem Campingplatz

Haben Sie noch Platz für einen Wohnwagen/ein Zelt?

هَلْ عِنْدَكَ مَكَانٌ لِمَقْطُورَةِ نَوْمٍ/لِخَيْمَةٍ؟
hal 'indak (*f*-ik) makān li-maqtūrat naum/li-chaima

Wie hoch ist die Gebühr pro Tag und Person?

كَمِ الأُجْرَةُ لِشَخْصٍ وَاحِدٍ فِي الْيَوْمِ؟
kam il-udschra li-schachs wāhid fī l-jaum

Wir bleiben ... Tage/Wochen.

سَنَبْقَى ... أَيَّامٍ/أَسَابِيعَ
sa-nabqā ... ajjām/asābī'

Wo sind ...

أَيْنَ ...
ain ...

die Toiletten?

دَوْرَاتُ الْمِيَاهِ/التُّوَالِيتْ؟
daurāt il-mijāh/at-tuwālēt

die Waschräume?

اَلْمَغَاسِلُ؟
al-maghāsil

die Duschen?

اَلْحَمَّامَاتُ / اَلدُّوش؟
al-hammāmāt/ad-dūsch

Gibt es hier Stromanschluss?

هَلْ يُوجَدُ هُنَا مَأْخَذُ تَيَّارٍ كَهْرَبَائِيٍّ؟
hal jūdschad hunā machad tajjār kahrabāī

| | | |
|---|---|---|
| Benutzungsgebühr | rusūm il-isti'māl | رُسُومُ الاِسْتِعْمَالِ |
| Camping | tachjīm | تَخْيِيمٌ |
| Campingplatz | muchajjam/makān it-tachjīm | مُخَيَّمٌ/مَكَانُ التَّخْيِيمِ |
| Gasflasche | ustuwānat il-ghās | أُسْطُوَانَةُ الْغَازِ |
| Kocher | mauqid/sachchān | مَوْقِدٌ/سَخَّانٌ |
| leihen | a'āra/adschdschara | أَعَارَ/أَجَّرَ |
| Leihgebühr | rusūm il-istidschār | رُسُومُ الاِسْتِئْجَارِ |
| Petroleumlampe | qindīl | قِنْدِيلٌ |
| Steckdose | maqbis/barīsa *(äg.)* | مَقْبِسٌ/بَرِيزَهْ |
| Stecker | qābis/fīscha *(äg.)* | قَابِسٌ/فِيشَهْ |
| Strom | kahrabā | كَهْرَبَاءٌ |
| ~anschluss | machaḍ it-tajjār il-kahrabāī | مَأْخَذُ التَّيَّارِ الْكَهْرَبَائِيِّ |
| Trinkwasser | mā sch-schurb | مَاءُ الشُّرْبِ |
| Voranmeldung | mau'id sābiq | مَوْعِدٌ سَابِقٌ |
| Wasser | mā | مَاءٌ |

## … in der Jugendherberge

| | | |
|---|---|---|
| Kann ich bei Ihnen … leihen? | hal astatī' istidschār … | هَلْ أَسْتَطِيعُ اسْتِئْجَارَ ...؟ |
| Bettwäsche | bajādāt sarīr | بَيَاضَاتِ سَرِيرٍ |
| einen Schlafsack | kīs naum | كِيسِ نَوْمٍ |

| | | |
|---|---|---|
| Jugendherberge | bait isch-schabāb | بَيْتُ الشَّبَابِ |
| Jugendherbergsausweis | bitāqat il-'udwīja fī bujūt isch-schabāb | بِطَاقَةُ الْعُضْوِيَّةِ فِي بُيُوتِ الشَّبَابِ |
| Schlafsaal | 'anbar in-naum | عَنْبَرُ النَّومِ |
| Waschraum | al-maghāsil | اَلْمَغَاسِلُ |

# Waschen &

# Schlafen

# Bilder
## zum Zeigen

# für alle Fälle

# Besichtigungen/Unterhaltung
## Was unternehmen wir?

Ob Phönizier, Römer, Kreuzritter, Mamelukken oder Osmanen, die arabische Welt hat zahllose Zivilisationen gesehen. Und alle haben ihre Spuren hinterlassen: in Traditionen, Sprache und Bauwerken. Die große Zahl und Vielfalt der Ruinen, Ausgrabungsfelder und architektonischen Kunstwerken machen die Wahl der Besichtigungen nicht leicht. Neben den bekannten Sehenswürdigkeiten sind oft besonders die kleinen etwas abseits gelegenen Relikte der Vergangenheit hoch interessant.

## Streng geheim!

Insider Tipp

Fotografieren ist in manchen Gegenden der arabischen Welt ein sensibles Thema: Zum einen möchten die Menschen nicht abgelichtet werden (immer vorher fragen oder Blickkontakt aufnehmen). Zum anderen ist Vorsicht geboten, wenn man innerhalb der Städte fotografieren möchte: Leicht schleicht sich da ein Regierungsgebäude ins Bild, was abzulichten strengstens verboten ist. Also, wenn ein Polizist in der Nähe ist, freundlich fragen! مُمْكِنٍ آخُذْ صُورَةٌ (mumkin achuḏ sūra) Meist wird er zustimmen, manchmal auch verlangen, dass er mit aufs Bild kommt!

| | |
|---|---|
| Ich möchte einen Stadtplan von ... haben. | أُرِيدُ خَرِيطَةً لِمَدِينَةِ ...<br>urīd charīta li-madīnat ... |
| Welche Sehenswürdigkeiten gibt es hier? | مَا هِيَ الْمَعَالِمُ الْمَوْجُودَةُ هُنَا؟<br>mā hija l-ma'ālim il-maudschūda hunā |
| Gibt es Stadtrundfahrten? | هَلْ يُوجَدُ جَوْلَاتٌ مُنَظَّمَةٌ فِي الْمَدِينَةِ؟<br>hal jūdschad dschaulāt munaḍḍama fī l-madīna |
| Besuchen wir auch ...? | هَلْ سَنَزُورُ ... أَيْضًا؟<br>hal sa-nasūr ... aidan |
| Wann fahren wir zurück? | مَتَى سَنَعُودُ؟<br>matā sa-na'ūd |

## SEHENSWERTES

| | |
|---|---|
| Wann ist das Museum geöffnet? | مَتَى يَكُونُ الْمَتْحَفُ مَفْتُوحًا؟<br>matā jakūn il-mathaf maftūh |
| Wann beginnt die Führung? | مَتَى تَبْدَأُ الزِّيَارَةُ مَعَ دَلِيلٍ؟<br>matā tabda s-sijāra ma'a dalīl |

| | | |
|---|---|---|
| Altstadt | al-madīna l-qadīma | اَلْمَدِينَةُ الْقَدِيمَةُ |
| Ausflug | nusha | نُزْهَةٌ |
| Ausgrabungen | hafrījāt aṭarīja | حَفْرِيَّاتٌ أَثَرِيَّةٌ |
| Ausstellung | ma'rid | مَعْرِضٌ |
| Beduinen | badu | بَدْوٌ |

| | | |
|---|---|---|
| Besichtigung | sijāra | زِيَارَةٌ |
| Bild | sūra/lauha | صُورَةٌ/لَوْحَةٌ |
| Denkmal | nusub taḏkārī | نُصُبٌ تَذْكَارِيٌّ |
| Fischerhafen | mīnā sajjādīn | مِينَاءُ صَيَّادِينَ |
| Fremdenführer | dalīl sijāhī | دَلِيلٌ سِيَاحِيٌّ |
| Friedhof | maqbara | مَقْبَرَةٌ |
| Führung | sijāra ma'a dalīl | زِيَارَةٌ مَعَ دَلِيلٍ |
| Gebirge | dschibāl | جِبَالٌ |
| islamisch | islāmī | إِسْلَامِيٌّ |
| Kaiser | qaisar/imbarātūr | قَيْصَرٌ / إِمْبَرَاطُورٌ |
| Karawanserei | chān | خَانٌ |
| Kirche | kanīsa | كَنِيسَةٌ |
| König/in | malik/malika | مَلِكٌ / مَلِكَةٌ |
| Maler/in | rassām/rassāma | رَسَّامٌ/رَسَّامَةٌ |
| Markt | sūq | سُوقٌ |
| Moschee | dschāmi'/masdschid | جَامِعٌ/مَسْجِدٌ |

## Kleiderregel

Betreten Sie eine Moschee nur, wenn man es Ihnen auf höfliche Nachfrage hin gestattet. Beachten Sie unbedingt die Kleiderordnung (Männer nicht in kurzen Hosen, Frauen sollten Schultern und Beine bedeckt halten), und fotografieren Sie keinesfalls ohne Erlaubnis!

| | | |
|---|---|---|
| Muslim/in | muslim/muslima | مُسْلِمٌ / مُسْلِمَةٌ |
| Museum | mathaf | مَتْحَفٌ |
| Pyramide | haram | هَرَمٌ |
| Rathaus | dār il-baladīja | دَارُ الْبَلَدِيَّةِ |
| Religion | dīn | دِينٌ |
| restaurieren | rammama/dschaddada | رَمَّمَ/جَدَّدَ |

| | | |
|---|---|---|
| Ruine | chirba | خِرْبَةٌ |
| See | bahr | بَحْرٌ |
| Sehenswürdigkeiten | ma'ālim | مَعَالِمُ |
| Stadtrundfahrt | dschaula fī l-madīna | جَوْلَةٌ فِي ا ْـدِينَةِ |
| Turm | burdsch | بُرْجٌ |

# UNTERHALTUNG

## BAR/DISKOTHEK/ NACHTCLUB

بَارٌ/دِيسْكُو/نَادٍ لَيْلِيٌّ
bār / diskō / nādi lailī

| | |
|---|---|
| Gibt es hier eine gemütliche Kneipe? | هَلْ تُوجَدُ هُنَا حَانَةٌ مُرِيحَةٌ؟<br>hal tūdschad hunā hāna murīha |
| Wo werden Bauchtänze aufgeführt? | أَيْنَ تُقْدَّمُ عُرُوضٌ لِرَقْصِ هَزِّ الْبَطْنِ؟<br>ain tuqaddam 'urūd li-raqs hass il-batn |
| Ein Bier, bitte. | بِيرَةٌ مِنْ فَضْلِكَ<br>bīra min fadlak (*f*-ik) |
| Diese Runde übernehme ich. | هَذِهِ ا ْـرَّةَ أَدْفَعُ أَنَا<br>hādihi l-marra adfa' anā |
| Wollen wir (noch einmal) tanzen? | أَنَرْقُصُ (مَرَّةً ثَانِيَةً)؟<br>a-narqus (marra tānija) |

### Geschichtenerzähler

Insider Tipp

In manchen Altstadtkaffeehäusern findet man noch den Hakawati (Geschichtenerzähler). Zumeist alte Männer lauschen nach jahrhundertealter Tradition den Geschichten. Und während man im Hintergrund das Blubbern der Wasserpfeifen hört, unterbricht der Hakawati seine Geschichte immer genau da, wo es spannend wird. Und wie es weitergeht, erfährt man erst am nächsten Abend. Immer nach dem Abendgebet.

| | | |
|---|---|---|
| ausgehen | charadscha | خَرَجَ |
| Band | firqa mūsīqīja/bānd | فِرْقَةٌ مُوسِيقِيَّةٌ/بَانْدْ |
| Bar | bār | بَارٌ |
| Disko | diskō | دِيسْكُو |
| Folklore | folklōr | فُولْكْلُورْ |
| Kneipe | bār/hāna | بَارٌ/حَانَةٌ |
| Livemusik | mūsīqā hajja | مُوسِيقَى حَيَّةٌ |
| Nachtclub | nādi lailī | نَادٍ لَيْلِيٌّ |
| Show | 'ard | عَرْضٌ |
| tanzen | raqasa | رَقَصَ |
| Tanzkapelle | firqat ir-raqs/ dschauqat ir-raqs | فِرْقَةُ الرَّقْصِ/جَوْقَةُ الرَّقْصِ |
| Türsteher | bawwāb | بَوَّابٌ |

## THEATER/KONZERT/KINO

مَسْرَحٌ/حَفْلَةٌ مُوسِيقِيَّةٌ/سِينَمَا
masrah / hafla mūsīqīja / sīnamā

Haben Sie einen Veranstaltungskalender für diese Woche?
هَلْ عِنْدَكُمْ بَرْنَامَجٌ لِحَفَلَاتِ هَذَا الأُسْبُوعِ؟
hal 'indakum barnāmadsch li-hafalāt hāḏa l-usbū'

Wann beginnt die Vorstellung?
مَتَى تَبْتَدِئُ الْحَفْلَةُ؟
matā tabtadi l-hafla

Wo bekommt man Karten?
أَيْنَ تُبَاعُ التَّذَاكِرُ؟
ain tubā' it-taḏākir

Bitte zwei Plätze zu ...
مِنْ فَضْلِكَ مَحَلَّيْنِ لِ ...
min fadlak (f-ik) mahallain li-...

Kann ich bitte ein Programm haben?
مِنْ فَضْلِكَ بَرْنَامَجًا
min fadlak (f-ik) barnāmadsch

| | | |
|---|---|---|
| Ballett | raqs ta'bīrī/bālē | رَقْص تَعْبِيرِيٌّ / بَالِيه |
| Eintrittskarte | taḏkirat duchūl | تَذْكِرَةُ دُخُولٍ |
| Festival | mahradschān | مَهْرَجَانٌ |
| Film | film | فِلْمٌ |
| Kasse | schubbāk it-taḏākir | شُبَّاكُ التَّذَاكِرِ |
| Kino | sīnamā | سِينَمَا |
| Konzert | hafla mūsīqīja | حَفْلَةٌ مُوسِيقِيَّةٌ |
| Musical | masrahīja ghināīja chafīfa | مَسْرَحِيَّةٌ غِنَائِيَّةٌ خَفِيفَةٌ |
| Oper | ōberā/masrahīja ghināīja | أُوبِرَا / مَسْرَحِيَّةٌ غِنَائِيَّةٌ |
| Schauspiel | masrahīja | مَسْرَحِيَّةٌ |
| Theaterstück | masrahīja | مَسْرَحِيَّةٌ |
| Veranstaltungskalender | barnāmadsch il-hafalāt | بَرْنَامَجُ الْحَفَلَاتِ |
| Vorstellung | hafla/tamṯīl | حَفْلَةٌ / تَمْثِيلٌ |
| Vorverkauf | hadschs it-taḏākir | حَجْزُ التَّذَاكِرِ |

# Strand & Sport

## Wie weit ist es zum Strand?

Baden und Wassersport ist im arabischen Raum eher Männerdomäne. Arabischen Frauen geziemt der Anstand vielerorts das Bad in der Öffentlichkeit nur in voller Bekleidung. Deshalb kann der Anblick eines modischen Bikinis zum Mittelpunkt des Interesses der lokalen Männerwelt werden, was durchaus als lästig empfunden werden kann. Dennoch ist es inzwischen ganz alltäglich am Strand zu liegen und zu baden – am Besten in Badegegenden, an dafür vorgesehenen Stränden oder in völliger Einsamkeit. FKK und „Oben ohne" sind ein absolutes Tabu.

## IM SCHWIMMBAD / AM STRAND

فِي ا ْـسْبَحِ / عَلَى شَاطِئِ الْبَحْرِ
fīl-masbah / ’alā schāti l-bahr

| | | |
|---|---|---|
| Gibt es hier ein … | هَلْ يُوجَدُ هُنَا … | hal jūdschad hunā |
| Freibad? | مَسْبَحٌ مَكْشُوفٌ؟ | masbah makschūf |
| Hallenbad? | مَسْبَحٌ مُغَطًّى؟ | masbah mughatta |
| Ist die Strömung stark? | هَلِ التَّيَّارُ قَوِيٌّ؟ | hal it-tajjār qawī |
| Ist es für Kinder gefährlich? | هَلْ هَذَا خَطِرٌ لِلأَوْلَادِ؟ | hal hāḏa chatir li-l-aulād |
| Wann ist Ebbe/Flut? | مَتَى يَكُونُ الْجَزْرُ/ا ْـدُّ؟ | matā jakūn il-dschasr/il-madd |
| Ich möchte … mieten. | أُرِيدُ أَنْ أَسْتَأْجِرَ … | urīd an astadschir |
| ein Boot | قَارِبًا | qārib |
| ein Paar Wasserski | خَشَبَتَيْ تَزَحْلُقٍ عَلَى ا ْـاءِ | chaschabatai tasahluq ’alā l-mā |
| Was kostet es pro Stunde/Tag? | مَاذَا يُكَلِّفُ بِالسَّاعَةِ/بِالنَّهَارِ؟ | māḏā jukallif bi-s-sā’a/bi-n-nahār |

## SPORT

al-al’āb ir-rijādīja — اَلأَلْعَابُ الرِّيَاضِيَّةُ

| | | |
|---|---|---|
| Welche Sportmöglichkeiten gibt es hier? | أَيُّ الأَلْعَابِ الرِّيَاضِيَّةِ يُمْكِنُ أَنْ يَلْعَبَ ا ْـرْءُ هُنَا؟ | ajj l-al’āb ir-rijādīja jumkin an jal’ab il-mar hunā |
| Gibt es hier … | هَلْ يُوجَدُ هُنَا … | hal jūdschad hunā |
| einen Golfplatz? | مَلْعَبُ غُولْفْ؟ | mal’ab golf |
| einen Tennisplatz? | مَلْعَبُ تِنِس؟ | mal’ab tinis |
| Wo kann ich … ausleihen? | أَيْنَ يُمْكِنُ أَنْ أَسْتَأْجِرَ …؟ | ain jumkin an astadschir … |

| | | |
|---|---|---|
| Ich möchte einen ...kurs machen. | | أُرِيدُ أَنْ أَعْمَلَ دَوْرَةً فِي ... <br> urīd an a'mal daura fī ... |
| Kann ich mitspielen? | | هَلْ يُمْكِنُ أَنْ أُشَارِكَ فِي اللَّعِبِ؟ <br> hal jumkin an uschārik fi-l-la'b |
| Ball | kura | كُرَةٌ |
| Basketball | kurat is-salla | كُرَةُ السَّلَّةِ |
| Bergsteigen | tasalluq il-dschibāl | تَسَلُّقُ الْجِبَالِ |
| Bootsverleih | tadschīr il-qawārib | تَأْجِيرُ الْقَوَارِبِ |
| Dusche | dūsch/miraschscha | دُوش / مِرَشَّةٌ |
| Eintrittskarte | taḏkirat id-duchūl | تَذْكِرَةُ الدُّخُولِ |
| Ergebnis | natīdscha | نَتِيجَةٌ |
| Fußball | kurat il-qadam | كُرَةُ الْقَدَمِ |
| ~mannschaft | farīq kurat il-qadam | فَرِيقُ كُرَةِ الْقَدَمِ |
| ~platz | mal'ab kurat il-qadam | مَلْعَبُ كُرَةِ الْقَدَمِ |
| ~spiel | mubāra fī kurat il-qadam | مُبَارَاةٌ فِي كُرَةِ الْقَدَمِ |
| gewinnen | rabiha | رَبِحَ |
| Golf | golf | غُولْفْ |
| ~schläger | midrab golf | مِضْرَبُ غُولْفْ |
| Handball | kurat il-jad | كُرَةُ الْيَدِ |
| Hochseefischen | said is-samak fī l-bahr | صَيْدُ السَّمَكِ فِي الْبَحْرِ |
| Kasse | schubbāk it-taḏākir | شُبَّاكُ التَّذَاكِرِ |
| Kurs | daura | دَوْرَةٌ |
| Leichtathletik | al'āb il-quwā | أَلْعَابُ الْقُوَى |
| Luftmatratze | firāsch junfach | فِرَاشٌ يُنْفَخُ |
| Mannschaft | farīq | فَرِيقٌ |
| Motorboot | qārib bi-muharrik | قَارِبٌ بِمُحَرِّكٍ |
| Nichtschwimmer | lā ja'rif is-sibāha | لَا يَعْرِفُ السِّبَاحَةَ |
| Rad fahren | rakiba darrādscha hawāīja | رَكِبَ دَرَّاجَةً هَوَائِيَّةً |
| reiten | rakiba dschawād | رَكِبَ جَوَادًا |
| Rennen | sibāq | سِبَاقٌ |

| | | |
|---|---|---|
| Ruderboot | qārib it-tadschḏīf | قَارِبُ التَّجْذِيفِ |
| Rudern | dschaḏḏafa | جَذَّفَ |
| Sand | raml | رَمْلٌ |
| Schiedsrichter | hakam | حَكَمٌ |
| Schnorchel | unbūb it-tanaffus | أُنْبُوبُ التَّنَفُّسِ |
| Schwimmbad | masbah | مَسْبَحٌ |
| schwimmen | sabaha | سَبَحَ |
| Schwimmer/in | sābih/sābiha | سَابِحٌ/سَابِحَةٌ |
| Schwimm\|flossen | sa'ānif is-sibāha | زَعَانِفُ السِّبَاحَةِ |
| ~ring | tauq is-sibāha | طَوْقُ السِّبَاحَةِ |
| Segelboot | sauraq schirā'ī | زَوْرَقٌ شِرَاعِيٌّ |
| segeln | abhara bi-sauraq schirā'ī | أَبْحَرَ بِزَوْرَقٍ شِرَاعِيٍّ |
| Sonnenschirm | miḏalla/schamsīja | مِظَلَّةٌ/شَمْسِيَّةٌ |
| Spiel | mubārā | مُبَارَاةٌ |
| Sportler/in | rijādī/rijādīja | رِيَاضِيٌّ/رِيَاضِيَّةٌ |
| Start | intilāq/bidāja | اِنْطِلَاقٌ/بِدَايَةٌ |
| Surfbrett | lauh it-tasahluq 'alā l-mā bi-schirā' | لَوْحُ التَزَحْلُقِ عَلَى ا ْـاءِ بِشِرَاعٍ |
| Surfen | at-tasahluq 'alā l-mā bi-schirā' | اَلتَزَحْلُقِ عَلَى ا ْـاءِ بِشِرَاعٍ |
| tauchen | ghatasa | غَطَسَ |
| Taucher\|ausrüstung | 'uddat il-ghattās | عُدَّةُ الْغَطَّاسِ |
| ~brille | naḏḏārat il-ghattās | نَظَّارَةُ الْغَطَّاسِ |
| Tennis | tinis | تِنِسْ |
| ~schläger | midrab it-tinis | مِضْرَبُ التِّنِسْ |
| Tischtennis | kurat it-tāwila | كُرَةُ الطَّاوِلَةِ |
| Tor | hadaf | هَدَفٌ |
| ~wart | hāris il-marma | حَارِسُ ا ْـرْمَى |
| Volleyball | al-kura t-tāira | اَلْكُرَةُ الطَّائِرَةُ |
| wandern | tadschauwala | تَجَوَّلَ |
| Wettkampf | mubārā/munāfasa | مُبَارَاةٌ/مُنَافَسَةٌ |
| Windschirm | hādschib ir-rīh | حَاجِبُ الرِّيحِ |

# Mit Kindern unterwegs

## Für die Kleinsten das Größte

Araber sind ausgesprochene „Kindernarren". Kinder sind ihnen sehr wichtig und immer und überall dabei. Nicht selten trifft man noch um Mitternacht Familien mit Kindern in Restaurants und Cafés. Hier wie dort sind Kinder immer ein guter Einstieg, um ins Gespräch zu kommen. Also keine Sorge, wenn der oder die Kleine sich lautstark bemerkbar macht: das ist hier ganz normal. Und bloß keine Sorgen machen, wohin mit den Kindern am Abend: einfach mitnehmen! Wer keine Kinder hat, der wird schon mal aus tiefstem Herzen bemitleidet.

## Von Kind zu Kind

| | | |
|---|---|---|
| Wie heißt du? | mā ismak (*f* ismik) | مَا اسْمُكَ؟ |
| Ich heiße ... | ismī... | إِسْمِي... |
| Woher kommst du? | min ajn anta (*f* anti) | مِنْ أَيْنَ أَنْتَ؟ |
| Ich komme aus ... | anā min ... | أَنَا مِنْ ... |
| Willst du mit mir spielen? | hal turīd (*f* turīdīn) an tal'ab (*f* tal'abīn) ma'ī | هَلْ تُرِيدُ أَنْ تَلْعَبَ مَعِي؟ |

Wo kann ich stillen?
أَيْنَ يُمْكِنُنِي أَنْ أُرْضِعَ؟
ain jumkinunī an urdi'

Bitte bringen Sie noch einen Kinderstuhl.
هَاتِ كُرْسِيًّا آخَرَ لِلأَطْفَالِ، مِنْ فَضْلِكْ.
hāt (*f*-ī) kursī āchar li-l-atfāl, min fadlak (*f*-ik)

| | | |
|---|---|---|
| Babysitter | hādina | حَاضِنَةٌ |
| Kinderbetreuung | ri'ājat il-atfāl | رِعَايَةُ الأَطْفَالِ |
| Kinderermäßigung | tachfīd li-l-atfāl | تَخْفِيضٌ لِلأَطْفَالِ |
| Kindernahrung | aghḍijat il-atfāl | أَغْذِيَةُ الأَطْفَالِ |
| Planschbecken | haud istihmām li-l-atfāl | حَوْضُ اسْتِحْمَامٍ لِلأَطْفَالِ |
| Schnuller | massāsa | مَصَّاصَةٌ |
| Schwimmflügel | dschanāh is-sibāha | جَنَاحُ السِّبَاحَةِ |
| Schwimmring | tauq is-sibāha | طَوْقُ السِّبَاحَةِ |
| Spielplatz | mal'ab | مَلْعَبٌ |

## Wau!

Hund . . . . . . . . . . . . . . . . . . . . . . . . . . Au Au
Katze . . . . . . . . . . . . . . . . . . . . . . . . . . Miau
Schaf . . . . . . . . . . . . . . . . . . . . . . . . . . Mäh
Hahn . . . . . . . . . . . . . . . . . . . . . . . . . . kukuku
Huhn . . . . . . . . . . . . . . . . . . . . bak bak bakik
Rabe . . . . . . . . . . . . . . . . . . . . . . waak waak
Biene . . . . . . . . . . . . . . . . . . . . . . . . . . wizzzzz

Strand
شَاطِئٌ
schāti
Burg
قَلْعَةٌ
qal'at
WELLE
Umziehkabine
حُجرَةُ تَبْدِيلِ اْلمَلاَبِسِ
hudschrat tabdīl l-malābis
Sonnenschirm
مِظَلَّةٌ
miḍalla
1 2 3 4
Eiskrem
جِيلاَتِي
dschīlāti
Bademeister
مُرَاقِبُ اْلمَسْبَحِ
murāqib al-masbah
Segelboot
زَوْرَقٌ شِرَاعِيٌّ
sauraq schirā'ī
Schaufel
مِجْرَفَةٌ
midschrafa
Handtuch
فُوطَةٌ
fūta
Floß
رَمَثٌ
ramaṯ
Ball
كُرَةٌ
kura
Wasser
مَاءٌ
mā

# Bilder zum Zeigen

# Kinder-sachen

# Behinderte auf Reisen
## Bahn frei!

Gastfreundschaft, Hilfsbereitschaft und Spontanität machen die noch völlig fehlende Infrastruktur für Rolli-Fahrer teilweise wett. Leider wurde außer in den großen Hotels der Badegebiete Ägyptens und Tunesiens noch nicht viel getan, um auch behinderten Menschen das Reisen einfach zu gestalten. Grundsätzlich gehen die Menschen in arabischen Ländern jedoch sehr unkompliziert mit Behinderten um. Und wo eine Rampe fehlt, da sind eben zahlreiche helfende Hände.

| | |
|---|---|
| Ich bin … | إنّي. . . <br> innij… |
| körperbehindert. | مُعَاقٌ جَسَدِيًّا. <br> mu'āqun ğasadijjān. |
| sehbehindert. | مُعَاقٌ بَصَرِيًّا. <br> mu'āqun basarijjān. |
| Ich habe … | إنّي أُعَانِي مِنْ. . . <br> innij u'ānī min. . . |
| eine Gehbehinderung. | إعَاقَةٍ عَنِ الْمَشْيِ. <br> i'āqatin 'ani al-mašji. |
| Multiple Sklerose. | تَصَلُّبِ الأَنْسِجَةِ الْمُضَاعَفِ. <br> tasallubi l-ansiğati al-mudā'afi. |

| | | |
|---|---|---|
| Auffahrtrampe *(für Rollstuhlfahrer)* | mamarr māil li-l-duchūl | مَمَرٌّ مَائِلٌ لِلدُّخُولِ |
| behindertengerecht | munāsib li-l-mu'āqīn / sālih li-l-mu'āqīn | مُنَاسِبٌ لِلْمُعَاقِينَ / صَالِحٌ لِلْمُعَاقِينَ |
| Behindertentoilette | mirhād li-l-mu'āqīn | مِرْحَاضٌ لِلْمُعَاقِينَ |
| Blinde/r | makfūfat / makfūf | مَكْفُوفَةٌ / مَكْفُوفٌ |
| Epilepsie | sara' / surā' | صَرَعٌ / صُرَاعٌ |
| Gehbehinderte/r | mu'āqat 'an al-mašji / mu'āq 'an al-mašji | مُعَاقَةٌ عَنِ الْمَشْيِ / مُعَاقٌ عَنِ الْمَشْيِ |
| geistig behindert | mu'āq 'aqlijjān / mu'āq ḍihnijjān | مُعَاقٌ عَقْلِيًّا / مُعَاقٌ ذِهْنِيًّا |
| Hörbehinderte/r | mu'āqa sam'ijjān / mu'āq sam'ijjān | مُعَاقَةٌ سَمْعِيًّا / مُعَاقٌ سَمْعِيًّا |
| Körperbehinderung | i'āqa ğasadijja / 'āha ğasadijja | إعَاقَةٌ جَسَدِيَّةٌ / عَاهَةٌ جَسَدِيَّةٌ |
| querschnittsgelähmt | kasīh / mašlūl an-nisf as-suflī | كَسِيحٌ / مَشْلُولُ النِّصْفِ السُّفْلِي |
| Rampe | mamarr māil | مَمَرٌّ مَائِلٌ |
| Rollstuhl | kursij mutaharrik | كُرْسِيٌّ مُتَحَرِّكٌ |
| Rollstuhlfahrer/in | sāhibat al-kursij al-mutaharrik / sāhib al-kursij al-mutaharrik 'asā l-a'mā | صَاحِبَةُ الْكُرْسِي الْمُتَحَرِّكِ / صَاحِبُ الْكُرْسِي الْمُتَحَرِّكِ |

# Von A bis Z
## Praktische Hinweise

Banken, Post- und Passämter schließen meist gegen Mittag. Besonders im Fastenmonat Ramadan sind die Öffnungszeiten von Ämtern kaum noch zeitlich festzulegen. Man sollte Ämterangelegenheiten also immer früh morgens erledigen. Und was man öfter hören wird ist "bukra" (morgen), wobei die wirkliche Dauer von „morgen" nicht näher definiert werden kann. Locker kann daraus eine ganze Woche werden.

## Krank in Arabien?

Die deutsche Botschaft gibt Auskunft über gute und Deutsch sprechende Ärzte.

**ARZT** tabīb طَبِيبٌ

**Arztbesuch**
زِيَارَةُ الطَّبِيبِ
sijārat it-tabīb

Können Sie mir einen guten … empfehlen?
هَلْ تَسْتَطِيعُ أَنْ تُشِيرَ عَلَيَّ…
hal tastatī' (*f* tastatī'īn) an tuschīr (*f* tuschīrīn) 'alajja …

Arzt
بِطَبِيبٍ
bi-tabīb

Augenarzt
بِطَبِيبِ عُيُونٍ
bi-tabīb 'ujūn

Frauenarzt
بِطَبِيبٍ لِأَمْرَاضِ النِّسَاءِ
bi-tabīb li-amrād in-nisā

Hals-Nasen-Ohren-Arzt
بِطَبِيبِ أَنْفٍ وَأُذُنٍ وَحَنْجَرَةٍ
bi-tabīb anf wa uḏun wa handschara

Hautarzt
بِطَبِيبِ أَمْرَاضٍ جِلْدِيَّةٍ
bi-tabīb amrād dschildīja

Kinderarzt
بِطَبِيبِ أَطْفَالٍ
bi-tabīb atfāl

Neurologen
بِطَبِيبِ أَعْصَابٍ
bi-tabīb a'sāb

Praktischen Arzt
بِطَبِيبٍ عَامٍّ
bi-tabīb 'āmm

Urologen
بِطَبِيبِ أَمْرَاضٍ بَوْلِيَّةٍ
bi-tabīb amrād baulīja

Zahnarzt
بِطَبِيبِ أَسْنَانٍ
bi-tabīb asnān

Wo ist seine Praxis?
أَيْنَ عِيَادَتُهُ؟
ain 'ijādathu

Was für Beschwerden haben Sie?
مَاذَا يُؤْلِمُكَ/مَاذَا يُوجِعُكَ
māḏā julimak (*f*-ik) / māḏā jūdschi'ak (*f*-ik)

| | |
|---|---|
| Ich habe Fieber. | لَدَيَّ حُمَّى/لَدَيَّ ارْتِفَاعٌ فِي دَرَجَةِ الْحَرَارَةِ<br>ladajja hummā/ladajja irtifā' fī daradschat il-harāra |
| Mir ist oft schlecht/ schwindelig. | نَفْسِي تَغْثَى كَثِيرًا/يُصِيبُنِي دُوَارٌ كَثِيرًا<br>nafsī taghṯā kaṯīr/jusībnī duwār kaṯīr |
| Ich bin stark erkältet. | إِنِّي مُصَابٌ بِزُكَامٍ شَدِيدٍ<br>innī musāb (*f* musāba) bi-sukām schadīd |
| Ich habe Kopfschmerzen. | رَأْسِي يُؤْلِمُنِي<br>rasī julimnī |
| Ich bin gestochen worden. | لُسِعْتُ<br>lusi'tu |
| Ich bin gebissen worden. | عَضَّنِي كَلْبٌ/لُدِغْتُ<br>'addanī kalb *(Hund)*/ ludightu *(Schlange)* |
| Ich habe Durchfall/ Verstopfung. | إِنِّي مُصَابٌ بِإِسْهَالٍ/بِإِمْسَاكٍ<br>innī musāb (*f* musāba) bi-ishāl/bi-imsāk |
| Wo tut es weh? | أَيْنَ تَتَأَلَّمُ؟<br>ain tataallam |
| Ich habe hier Schmerzen. | أَشْعُرُ بِآلَامٍ هُنَا<br>asch'ur bi-ālām hunā |
| Ich bin Diabetiker/in. | أَنَا مُصَابٌ بِالسُّكَّرِيِّ/أَنَا مُصَابَةٌ بِالسُّكَّرِيِّ<br>anā musāb bi-s-sukkarī/anā musāba bi-s-sukkarī |
| Ich bin schwanger. | أَنَا حَامِلٌ<br>anā hāmil |
| Können Sie mir bitte etwas gegen ... geben? | هَلْ مِنَ الْمُمْكِنِ أَنْ تُعْطِيَنِي دَوَاءً ضِدَّ...<br>hal min il-mumkin an tu'tīnī dawā didd... |

**Beim Zahnarzt** — عِنْدَ طَبِيبِ الأَسْنَانِ
'ind tabīb il-asnān

| | |
|---|---|
| Ich habe (starke) Zahnschmerzen. | أَسْنَانِي تُؤْلِمُنِي (جِدًّا)<br>asnānī tulimnī (dschiddan) |
| Geben Sie mir bitte eine Spritze. | أَعْطِنِي إِبْرَةً مِنْ فَضْلِكَ<br>a'tinī (*f* a'tīnī) ibra min fadlak (*f*-ik) |
| Geben Sie mir bitte keine Spritze. | لَا تُعْطِنِي إِبْرَةً مِنْ فَضْلِكَ<br>lā tu'tinī (*f* tu'tīnī) ibra min fadlak (*f*-ik) |

## Im Krankenhaus — fī l-mustaschfā — فِي الْمُسْتَشْفَى

Wie lange muss ich hier bleiben?
كَمْ مِنَ الْوَقْتِ يَجِبُ أَنْ أَبْقَى هُنَا؟
kam min il-waqt jadschib an abqā huna

| | | |
|---|---|---|
| Aids | īds | إِيدْز |
| Allergie | marad il-hasāsīja | مَرَضُ الْحَسَاسِيَّةِ |
| ansteckend | mu'd | مُعْدٍ |
| Arm | ḍirā' | ذِرَاعٌ |
| Asthma | rabu | رَبْوٌ |
| Atembeschwerden | idtirāb tanaffus/ dīq nafas | اِضْطِرَابُ تَنَفُّسٍ / ضِيقُ نَفَسٍ |
| atmen | tanaffasa | تَنَفَّسَ |
| Auge | 'ain | عَيْنٌ |
| Ausschlag | tafh dschildī | طَفْحٌ جِلْدِيٌّ |
| Bauch | batn | بَطْنٌ |
| Bein | sāq/ridschl | سَاقٌ/رِجْلٌ |
| bewusstlos | fāqid il-wa'ī/ mughmā 'alaihi | فَاقِدُ الْوَعْيِ/مُغْمًى عَلَيْهِ |
| Blase | maṯāna | مَثَانَةٌ |
| Blinddarm | sāida dūdīja | زَائِدَةٌ دُودِيَّةٌ |
| bluten | nasafa damhu/sāla damhu | نَزَفَ دَمُهُ/سَالَ دَمُهُ |
| Blut | dam | دَمٌ |
| ~vergiftung | tasammum id-dam | تَسَمُّمُ الدَّمِ |
| Bruch | kasr | كَسْرٌ |
| Brust | sadr | صَدْرٌ |
| Darm | ma'ī/am'ā | مَعْيٌ / أَمْعَاءٌ |
| Diabetes | marad is-sukkarī | مَرَضُ السُّكَّرِيِّ |
| Durchfall | ishāl | إِسْهَالٌ |
| Entzündung | iltihāb | اِلْتِهَابٌ |
| erbrechen, sich | qāa/taqajja | قَاءَ/تَقَيَّأَ |
| erkälten, sich | usība bi-bard/ usība bi-sukām | أُصِيبَ بِبَرْدٍ / أُصِيبَ بِزُكَامٍ |

| | | |
|---|---|---|
| Fehlgeburt | isqāt/tarh | إِسْقَاطٌ/طَرْحٌ |
| Fieber | hummā | حُمَّى |
| Finger | isba' | إِصْبَعٌ |
| Fuß | ridschl/qadam | رِجْلٌ/قَدَمٌ |
| Gallenblase | al-marāra | اَ ْـرَارَةُ |
| gebrochen | munkasir/maksūr | مُنْكَسِرٌ/مَكْسُورٌ |
| Gehirn | dimāgh | دِمَاغٌ |
| ~erschütterung | irtidschādsch id-dimāgh | اِرْتِجَاجُ الدِّمَاغِ |
| ~schlag | sakta dimāghīja/ dā n-nuqta | سَكْتَةٌ دِمَاغِيَّةٌ/ دَاءُ النُّقْطَةِ |
| Geschlechtskrankheit | marad tanāsulī | مَرَضٌ تَنَاسُلِيٌّ |
| geschwollen | mutawarrim/muntafich | مُتَوَرِّمٌ/مُنْتَفِخٌ |
| Geschwür | qarha/dummal | قَرْحَةٌ/دُمَّلٌ |
| Gesicht | wadschh | وَجْهٌ |
| Grippe | unfluwansā | أُنْفْلُوَنْزَا |
| Hals | 'unuq/raqaba | عُنُقٌ/رَقَبَةٌ |
| Hand | jad | يَدٌ |
| Haut | dschild | جِلْدٌ |
| Herz | qalb | قَلْبٌ |
| ~anfall | nauba qalbīja | نَوْبَةٌ قَلْبِيَّةٌ |
| ~beschwerden | idtirābāt fī l-qalb | اِضْطِرَابَاتٌ فِي الْقَلْبِ |
| ~fehler | marad fī l-qalb | مَرَضٌ فِي الْقَلْبِ |
| ~infarkt | insidād au'ijat il-qalb | اِنْسِدَادُ أَوْعِيَةِ الْقَلْبِ |
| ~schrittmacher | battārījat il-qalb | بَطَّارِيَّةُ الْقَلْبِ |
| Hüfte | wirk | وِرْكٌ |
| Husten | su'āl | سُعَالٌ |
| Impfung | tat'īm | تَطْعِيمٌ |
| Infektion | 'adwā | عَدْوَى |
| Ischias | 'irq in-nasā | عِرْقُ النَّسَا |

| | | |
|---|---|---|
| Kinderlähmung | schalal atfāl | شَلَلُ أَطْفَالٍ |
| Knie | rukba | رُكْبَةٌ |
| Knöchel | kāhil/ka'b | كَاحِلٌ/كَعْبٌ |
| Knochen | 'aḏm | عَظْمٌ |
| ~bruch | kasr il-'aḏm | كَسْرُ الْعَظْمِ |
| Kopf | ras | رَأْسٌ |
| ~schmerzen | wadscha' ir-ras/sudā' | وَجَعُ الرَّأْسِ/صُدَاعٌ |
| Krampf | taqallus/taschannudsch | تَقَلُّصٌ/تَشَنُّجٌ |
| krank | marīd | مَرِيضٌ |
| Krankenhaus | mustaschfā | مُسْتَشْفَى |
| Krankheit | marad | مَرَضٌ |
| Krebs | saratān | سَرَطَانٌ |
| Lähmung | schalal | شَلَلٌ |
| Lebensmittelvergiftung | tassammum ghiḏāī | تَسَمُّمٌ غِذَائِيٌّ |
| Leber | kabid | كَبِدٌ |
| Lunge | ria | رِئَةٌ |
| Magen | ma'ida/mi'da | مَعِدَةٌ/مِعْدَةٌ |
| ~schmerzen | wadscha' il-mi'da | وَجَعُ الْمِعْدَةِ |
| Menstruation | haid | حَيْضٌ |
| Migräne | sudā'/schaqīqa | صُدَاعٌ/شَقِيقَةٌ |
| Mittelohrentzündung | iltihāb il-uḏun il-wustā | اِلْتِهَابُ الأُذُنِ الْوُسْطَى |
| Mumps | nukāf | نُكَافٌ |
| Mund | fam | فَمٌ |
| Narkose | bandsch/tachdīr | بَنْجٌ/تَخْدِيرٌ |
| Nase | anf | أَنْفٌ |
| Nerv | 'asab | عَصَبٌ |
| Nierenentzündung | iltihāb kulwī | اِلْتِهَابٌ كُلْوِيٌّ |
| Ohnmacht | ighmā/ghaschajān | إِغْمَاءٌ/غَشَيَانٌ |

| | | |
|---|---|---|
| Ohr | uḏun | أُذُنٌ |
| Operation | ’amalīja dschirāhīja | عَمَلِيَّةٌ جِرَاحِيَّةٌ |
| Plombe | haschu s-sinn | حَشْوُ السِّنِّ |
| Pocken | dschudarī | جُدَرِيٌّ |
| Praxis | ’ijāda | عِيَادَةٌ |
| Prellung | sadma | صَدْمَةٌ |
| Prothese *(Zahn)* | taqm asnān istinā’ī | طَقْمُ أَسْنَانٍ اِصْطِنَاعِيٌّ |
| Quetschung | radd | رَضٌّ |
| Rheuma | rūmātism/dā l-mafāsil | رُومَاتِزْمْ/دَاءُ الْمَفَاصِلِ |
| Rippe | dil’ | ضِلْعٌ |
| röntgen | sauwara bi-l-aschi’a | صَوَّرَ بِالأَشِعَّةِ |
| Röteln | hasba almānīja/ humairā | حَصْبَةٌ أَلْمَانِيَّةٌ/ حُمَيْرَاءُ |
| Rücken | ḍahr | ظَهْرٌ |
| ~schmerzen | wadscha’ iḍ-ḍahr | وَجَعُ الظَّهْرِ |
| Salmonellen | salmūnījāt | سَلْمُونِيَّاتٌ |
| Scharlach | hummā qirmisīja | حُمَّى قِرْمِزِيَّةٌ |
| Schlaflosigkeit | araq | أَرَقٌ |
| Schlaganfall | sakta dimāghīja | سَكْتَةٌ دِمَاغِيَّةٌ |
| Schmerzen | alam/wadscha’ | أَلَمٌ/وَجَعٌ |
| Schnittwunde | dschurh qat’ī | جُرْحٌ قَطْعِيٌّ |
| Schnupfen | sukām/raschh | زُكَامٌ/رَشْحٌ |
| Schulter | katif | كَتِفٌ |
| Schüttelfrost | quscha’rīra/ra’scha | قُشَعْرِيرَةٌ/رَعْشَةٌ |
| Schwangerschaft | habal/haml | حَبَلٌ/حَمْلٌ |
| Schwindel | duwār/daucha | دُوَارٌ/دَوْخَةٌ |
| Sonnenstich | darbat schams/ saf’at schams | ضَرْبَةُ شَمْسٍ/سَفْعَةُ شَمْسٍ |
| Speiseröhre | marī | مَرِيءٌ |

| | | |
|---|---|---|
| Spritze | huqna/ibra | حُقْنَةٌ/إِبْرَةٌ |
| Stich | laḏ'a/las'a | لَذْعَةٌ/لَسْعَةٌ |
| Stirnhöhlenentzündung | iltihāb il-dschujūb il-anfīja | اِلْتِهَابُ الْجُيُوبِ الأَنْفِيَّةِ |
| Tetanus | kusās | كُزَازٌ |
| Typhus | hummā tīfūdīja/tīfūs | حُمَّى تِيفُودِيَّةٌ/تِيفُوسْ |
| Übelkeit | ghaṯajān | غَثَيَانٌ |
| Unterleib | al-batn | اَلْبَطْنُ |
| Urin | baul | بَوْلٌ |
| Verband | dimāda/ribāt | ضِمَادَةٌ/رِبَاطٌ |
| Verbrennung | harq | حَرْقٌ |
| Verdauungsstörung | sū l-hadm | سُوءُ الْهَضْمِ |
| Vergiftung | tasammum | تَسَمُّمٌ |
| Verletzung | dschurh | جُرْحٌ |
| verstaucht | madschsū'/mafqūsch | مَجْزُوعٌ/مَفْقُوشٌ |
| Virus | fīrūs | فِيْرُوسْ |
| Windpocken | dschudarī l-mā | جُدَرِيُّ اْـَاءِ |
| Wunde | dschurh | جُرْحٌ |
| Zahn | sinn | سِنٌّ |
| Zehe | isba' l-qadam | إِصْبَعُ الْقَدَمِ |
| Zerrung | schadd il-watar | شَدُّ الْوَتَرِ |
| ziehen *(Zahn)* | chala'a/qala'a | خَلَعَ/قَلَعَ |
| Zunge | lisān | لِسَانٌ |

| BANK / GELDWECHSEL | مَصْرِفٌ ( بَنْكٌ ) / صَرْفٌ<br>masrif (bank) / sarf |
|---|---|

| | |
|---|---|
| Wo ist hier bitte eine Bank? | أَيْنَ يُوْجَدُ هُنَا مَصْرِفٌ مِنْ فَضْلِكَ؟<br>ain jūdschad hunā masrif min fadlak (*f*-ik) |
| Wo ist hier bitte eine Wechselstube? | أَيْنَ يُوْجَدُ هُنَا مَكْتَبُ صِرَافَةٍ مِنْ فَضْلِكَ؟<br>ain jūdschad hunā maktab sirāfa min fadlak (*f*-ik) |
| Ich möchte ... | أُرِيدُ أَنْ أُحَوِّلَ ...<br>urīd an uhauwil |
| ... Euro | يُورُو<br>... jūrū |
| ... Schweizer Franken | ... مِنَ الفِرَانْكْ السِّوِيْسْرِيِّ<br>... min il-frānk is-swīsrī |
| in ... wechseln. | إِلَى ...<br>ilā ... |

| | | |
|---|---|---|
| auszahlen | dafa'a | دَفَعَ |
| Bank | masrif/bank | مَصْرِفٌ / بَنْكٌ |
| Betrag | mablagh | مَبْلَغٌ |
| Euro | jūrū | يُورُو |
| Formular | istimāra | إِسْتِمَارَةٌ |
| Geheimzahl | raqm sirrī | رَقْمٌ سِرِّيٌّ |
| Geld | naqd | نَقْدٌ |
| ~automat | ālat daf' in-naqd | آلَةُ دَفْعِ النَّقْدِ |
| ~wechsel | sarf | صَرْفٌ |
| Kasse | sandūq it-taufīr | صَنْدُوقُ التَّوْفِيرِ |
| Kreditkarte | bitāqat il-istilāf | بِطَاقَةُ الإِسْتِلَافِ |
| Reisescheck | schīk sijāhī | شِيكٌ سِيَاحِيٌّ |
| Schalter | schubbāk | شُبَّاكٌ |
| Scheck | schīk | شِيكٌ |
| ~karte | bitāqat isch-schīkāt | بِطَاقَةُ الشِّيكَاتِ |
| Schweizer Franken | frank swīsrī | فْرَنْكٌ سِويِسْرِيٌّ |
| umtauschen | baddala/sarrafa | بَدَّلَ / صَرَّفَ |
| Unterschrift | tauqī'/imdā | تَوْقِيعٌ / إِمْضَاءٌ |
| Währung | 'umla | عُمْلَةٌ |
| Wechselstube | maktab sirāfa | مَكْتَبُ صِرَافَةٍ |

## FUNDBÜRO

مُسْتَوْدَعُ الأَشْيَاءِ الْمَفْقُودَةِ
mustauda' il-aschjā l-mafqūda

Ich habe ... verloren.
أَضَعْتُ ...
ada'tu ...

Hier ist meine Hotelanschrift/Heimatadresse.
هَذَا عُنْوَانِي فِي الْفُنْدُقِ/بَلَدِي
hāḏā 'unwānī fī l-funduq/baladī

## NAHVERKEHRSMITTEL

وَسَائِلُ الْمُوَاصَلَاتِ الْمَحَلِّيَّةِ
wasāil il-muwāsalāt il-mahallīja

Welche Linie fährt nach ...?
أَيُّ خَطٍّ يُسَافِرُ إِلَى ...؟
ajj chat jusāfir ilā ...

Wann/Wo fährt der Bus ab?
مَتَى/مِنْ أَيْنَ يَنْطَلِقُ الأُوتُوبِيسُ؟
matā/min ain jantaliq il-ūtūbīs

Wo muss ich aussteigen/umsteigen?
أَيْنَ يَجِبُ أَنْ أَنْزِلَ/أُغَيِّرَ؟
ain jadschib an ansil/ughajjir

Bitte, einen Fahrschein nach ...
مِنْ فَضْلِكَ، تَذْكِرَةً إِلَى ...
min fadlak (*f*-ik), taḏkira ilā ...

| | | |
|---|---|---|
| Abfahrt | intilāq | إِنْطِلَاقٌ |
| aussteigen | nasala | نَزَلَ |
| Bus | ūtūbīs/bās *(syr.)* | أُوتُوبِيسٌ/بَاصٌ |
| einsteigen | rakiba/sa'ada | رَكِبَ/صَعِدَ |
| Endstation | al-mahatta l-achīra | الْمَحَطَّةُ الأَخِيرَةُ |
| Fahr\|er | sāiq (*m*) / sāiqa (*f*) | سَائِقٌ / سَائِقَةٌ |
| ~preis | ṯaman it-taḏkira/al-udschra | ثَمَنُ التَّذْكِرَةِ/الأُجْرَةُ |
| ~schein | taḏkira | تَذْكِرَةٌ |
| Haltestelle | mauqif/mahatta | مَوْقِفٌ/مَحَطَّةٌ |
| Straße | schāri' | شَارِعٌ |
| Straßenbahn | trām/trāmwāi *(syr.)* | تْرَامٌ/تْرَامْوَايْ |
| U-Bahn | metrō | مِتْرُو |

| POLIZEI | schurta/būlīs | شُرْطَةٌ / بُولِيس |
|---|---|---|
| Wo ist bitte das nächste Polizeirevier? | ain aqrab qism li-sch-schurta | أَيْنَ أَقْرَبُ قِسْمٍ لِلشُّرْطَةِ؟ |
| Ich möchte einen Diebstahl/Verlust/Unfall anzeigen. | urīd an ubligh 'an sariqa/dajā'/hādiṭ | أُرِيدُ أَنْ أُبْلِغَ عَنْ سَرِقَةٍ / ضَيَاعٍ / حَادِثٍ |
| Mir ist ... gestohlen worden. | suriqat ... | سُرِقَتْ ... |
| die Handtasche | haqībat jadī | حَقِيبَةُ يَدِي |
| die Brieftasche | mihfaḍatī | مِحْفَظَتِي |
| mein Fotoapparat | ālatī li-t-taswīr | آلَتِي لِلتَّصْوِيرِ |
| Mein Auto ist aufgebrochen worden. | futihat sajjāratī bi-l-quwwa | فُتِحَتْ سَيَّارَتِي بِالْقُوَّةِ |
| Mein Sohn/Meine Tochter ist seit ... verschwunden. | ibnī *(Sohn)* dāi' munḍu ... | اِبْنِي ضَائِعٌ مُنْذُ ... |
| | ibnatī *(Tochter)* dāi'a munḍu ... | اِبْنَتِي ضَائِعَةٌ مُنْذُ ... |
| Können Sie mir bitte helfen? | hal tastatī' (*f* tastatī'īn) musā'adatī min fadlak (*f*-ik) | هَلْ تَسْتَطِيعُ مُسَاعَدَتِي مِنْ فَضْلِكَ؟ |

| | | |
|---|---|---|
| anzeigen | ballagha sch-schurta ('an)/schakā | بَلَّغَ الشُّرْطَةَ (عَنْ) / شَكَا |
| aufbrechen | kasara/fataha bi-l-quwwa | كَسَرَ / فَتَحَ بِالْقُوَّةِ |
| belästigen | 'ākasa/dājaqa | عَاكَسَ / ضَايَقَ |
| Brieftasche | mihfaḍa | مِحْفَظَةٌ |
| Diebstahl | sirqa | سِرْقَةٌ |
| Gefängnis | sidschn | سِجْنٌ |
| Geld | māl | مَالٌ |
| Geldbörse | kīs in-nuqūd | كِيسُ النُّقُودِ |
| Gericht | mahkama | مَحْكَمَةٌ |

| | | |
|---|---|---|
| Papiere | ruchsat is-sajjāra wa s-sāiq | رُخْصَةُ السَّيَّارَةِ وَالسَّائِقِ |
| Polizei | schurta/būlīs | شُرْطَةٌ / بُولِيس |
| Rauschgift | muchaddir | مُخَدِّرٌ |
| Rechtsanwalt/anwältin | muhāmi/muhāmija | مُحَامٍ / مُحَامِيَةٌ |
| Reisepass | dschawās safar | جَوَازُ سَفَرٍ |
| Richter/in | qādi/qādija | قَاضٍ / قَاضِيَةٌ |
| Überfall | i'tidā 'alā / satu | اِعْتِدَاءٌ عَلَى / سَطْوٌ |
| Vergewaltigung | ightisāb | اِغْتِصَابٌ |
| verlieren | faqada/adā'a | فَقَدَ / أَضَاعَ |
| zusammenschlagen | daraba/kassara | ضَرَبَ / كَسَّرَ |

## POST

maktab barīd مَكْتَبُ بَرِيدٍ

Wo ist das nächste Postamt/ der nächste Briefkasten?
أَيْنَ أَقْرَبُ مَكْتَبِ / صَنْدُوقِ بَرِيدٍ؟
ain aqrab maktab/sandūq barīd

Diesen Brief bitte per ...
(أُرِيدُ أَنْ أُرْسِلَ) هَذِهِ الرِّسَالَةَ مِنْ فَضْلِكَ ...
(urīd an ursil) hāḏihi r-risāla min fadlak (*f*-ik) ...

Luftpost.
بِالْبَرِيدِ الْجَوِّيِّ
bi-l-barīd il-dschauwī

Express.
بِالْبَرِيدِ الْمُسْتَعْجَلِ
bi-l-barīd il-musta'dschal

| | | |
|---|---|---|
| Absender | mursil | مُرْسِلٌ |
| Adresse | 'unwān | عُنْوَانٌ |

### Verpackung

Insider Tipp

Wer Postkarten nach Europa schicken möchte, sollte dies am Besten in einem Briefumschlag tun. Die wenigen Extra-Cent, die der Brief mehr kostet, sorgen dafür, dass die Karte auch ankommt.

| | | |
|---|---|---|
| Brief | risāla/maktūb | رِسَالَةٌ/مَكْتُوبٌ |
| ~kasten | sandūq il-barīd | صَنْدُوقُ الْبَرِيدِ |
| ~marke | tābi' il-barīd | طَابِعُ الْبَرِيدِ |
| ~umschlag | ḍarf ir-risāla | ظَرْفُ الرِّسَالَةِ |
| Eilbrief | risāla musta'dschala | رِسَالَةٌ مُسْتَعْجَلَةٌ |
| Empfänger | al-mursal ilaihi | اَلْمُرْسَلُ إِلَيْهِ |
| frankieren | wada'a tawābi' 'alā r-risāla | وَضَعَ طَوَابِعَ عَلَى الرِّسَالَةِ |
| Gebühr | rasm | رَسْمٌ |
| Gewicht | wasn | وَزْنٌ |
| Luftpost | barīd dschawwī | بَرِيدٌ جَوِّيٌّ |
| Porto | rusūm il-barīd | رُسُومُ الْبَرِيدِ |
| Post\|amt | maktab barīd | مَكْتَبُ بَرِيدٍ |
| ~karte | bitāqa barīdīja | بِطَاقَةٌ بَرِيدِيَّةٌ |
| Schalter | schubbāk | شُبَّاكٌ |

## TAXI

tāksī/sajjārat il-udschra تَاكْسِي/سَيَّارَةُ الأُجْرَةِ

## Vor-Sehen

Das Taxi ist ein günstiges und häufig benutztes Verkehrsmittel. In der Regel werden die Fahrpreise am Taxameter angezeigt. Wenn nicht, müssen Sie unbedingt vor der Fahrt den Fahrpreis aushandeln.

Wo ist der nächste Taxistand?
أَيْنَ يُوْجَدُ أَقْرَبُ مَوْقِفٍ لِلتَّاكْسِي؟
ain jūdschad aqrab mauqif li-t-tāksī

Zum Bahnhof.
إِلَى مَحَطَّةِ الْقِطَارَاتِ
ilā mahattat il-qitārāt

Zum ... Hotel.
إِلَى فُنْدُقِ ...
ilā funduq ...

In die ...-Straße.
إِلَى شَارِعِ ...
ilā schāri' ...

Nach ..., bitte.

إِلَى ... مِنْ فَضْلِكَ
ilā ... min fadlak

Wie viel kostet es nach ...?

كَمِ الأُجْرَةُ إِلَى ...؟
kam il-udschra ilā ...

| | | |
|---|---|---|
| Fahrpreis | ṯaman it-taḏkira/al-udschra | ثَمَنُ التَّذْكِرَةِ / اَلأُجْرَةُ |
| Taxi\|fahrer | sāiq tāksī | سَائِقُ تَاكْسِي |
| ~stand | mauqif tāksī | مَوْقِفُ تَاكْسِي |
| Trinkgeld | baqschīsch | بَقْشِيشٌ |

## TELEFONIEREN

isti'māl il-hātif إِسْتِعْمَالُ الْهَاتِفِ

Bitte ein Ferngespräch nach ...

مِنْ فَضْلِكَ مُخَابَرَةً خَارِجِيَّةً إِلَى ...
min fadlak (*f*-ik) muchābara chāridschīja ilā ...

Ich möchte ein R-Gespräch anmelden.

مِنْ فَضْلِكَ أُرِيدُ أَنْ أُسَجِّلَ مُكَالَمَةً عَلَى حِسَابِ الْمُتَلَقِّي
min fadlak (*f*-ik) urīd an usadschdschil mukālama 'alā hisāb il-mutalaqqī

Hier spricht ...

هُنَا ...
hunā ...

Hallo, mit wem spreche ich?

أَلُو، مَنْ عَلَى الْهَاتِفِ؟
alū, man 'alā l-hātif

Kann ich bitte Herrn/Frau/Fräulein ... sprechen?

هَلْ مِنَ الْمُمْكِنِ أَنْ أَتَحَدَّثَ مَعَ السَّيِّدِ / السَّيِّدَةِ / الآنِسَةِ ...؟
hal min il-mumkin an atahaddaṯ ma'a s-sajjid/s-sajjida/l-ānisa ...

### Neue Techniken

Noch nicht in allen Ländern der Region funktionieren Mobiltelefon und Internet. In den Städten gibt es Telefonkarten für internationale Gespräche. Selber wählen ist viel günstiger als vom Hotel vermittelte Gespräche. Vielerorts gibt es inzwischen Internet-Cafés.

| | | |
|---|---|---|
| anrufen | chābara/hātafa | خَابَرَ/هَاتَفَ |
| Auslandsgespräch | mukālama daulīja | مُكَالَمَةٌ دَوْلِيَّةٌ |
| durchwählen | rakkaba r-raqm mubāschara | رَكَّبَ الرَّقْمَ مُبَاشَرَةً |
| Gebühr | rasm | رَسْمٌ |
| Gespräch | muchābara/mukālama | مُخَابَرَةٌ/مُكَالَمَةٌ |
| Ortsgespräch | mukālama mahallīja | مُكَالَمَةٌ مَحَلِّيَّةٌ |
| R-Gespräch | mukālama 'alā hisāb il-mutalaqqī | مُكَالَمَةٌ عَلَى حِسَابِ الْمُتَلَقِّي |
| Telefon | hātif/telefōn | هَاتِفٌ/تِلِيفُونْ |
| ~karte | bitāqat hātif | بِطَاقَةُ هَاتِفٍ |
| ~nummer | raqm hātif | رَقْمُ هَاتِفٍ |
| Vermittlung | maqsam hātif/sintrāl | مَقْسَمُ هَاتِفٍ/سِنْتْرَالْ |
| Vorwahlnummer | raqm il-mintaqa l-hātifī | رَقْمُ الْمِنْطَقَةِ الْهَاتِفِيُّ |

## ZOLL/ PASSKONTROLLE

جُمْرُكٌ / مُرَاقَبَةُ جَوَازَاتِ السَّفَرِ

dschumruk / murāqabat dschawāsāt is-safar

Ihren Pass, bitte!

جَوَازَ سَفَرِكَ، مِنْ فَضْلِكَ

dschawās safarak (*f*-ik), min fadlak (*f*-ik)

Haben Sie ein Visum?

هَلْ لَدَيْكَ تَأْشِيرَةٌ؟

hal ladaika (*f* ladaiki) taschīra

Haben Sie etwas zu verzollen?

هَلْ لَدَيْكَ شَيْءٌ خَاضِعٌ لِلرُّسُومِ الْجُمْرُكِيَّةِ؟

hal ladaika (*f* ladaiki) schai chādi' li-r-rusūm il-dschumrukīja

Nein, ich habe nur ein paar Geschenke.

كَلاَّ، لَيْسَ لَدَيَّ سِوَى بَعْضِ الْهَدَايَا

kallā, laisa ladajja siwā ba'd il-hadājā

## Vorsicht Visum!

In vielen arabischen Ländern braucht man ein Visum um einreisen zu können. Nicht vergessen sollte man auch, dass häufig eine Ausreisesteuer verlangt wird. Also bitte nicht das ganze einheimische Geld ausgeben, bevor es zum Flughafen geht.

| | | |
|---|---|---|
| Ausreise | safar/mughādara | سَفَرٌ/مُغَادَرَةٌ |
| Einreise | duchūl | دُخُولٌ |
| Familien\|name | ism il-'āila | اِسْمُ الْعَائِلَةِ |
| ~stand | al-wad' il-'āilī | اَلْوَضْعُ الْعَائِلِيُّ |
| ledig | a'sab (*m*) / 'asbā (*f*) | أَعْزَبُ / عَزْبَاءُ |
| verheiratet | mutasauwidsch (*m*) / mutasauwidscha (*f*) | مُتَزَوِّجٌ / مُتَزَوِّجَةٌ |
| verwitwet | armal (*m*) / armala (*f*) | أَرْمَلُ / أَرْمَلَةٌ |
| Führerschein | ruchsat il-qijāda | رُخْصَةُ الْقِيَادَةِ |
| Geburts\|datum | tārīch il-wilāda | تَارِيخُ الْوِلَادَةِ |
| ~name | ism il-mara qabl is-sawādsch | اِسْمُ الْمَرْأَةِ قَبْلَ الزَّوَاجِ |
| ~ort | mahall il-wilāda | مَحَلُّ الْوِلَادَةِ |
| Personalausweis | bitāqa schachsīja/huwīja | بِطَاقَةٌ شَخْصِيَّةٌ/هُوِيَّةٌ |
| Reisepass | dschawās safar | جَوَازُ سَفَرٍ |
| Staatsangehörigkeit | dschinsīja | جِنْسِيَّةٌ |
| Visum | taschīra | تَأْشِيرَةٌ |
| Vorname | al-ism | اَلاِسْمُ |
| Wohnort | mahall il-iqāma | مَحَلُّ الإِقَامَةِ |
| Zoll | dschumruk | جُمْرُكٌ |
| ~frei | mu'fan min ir-rusūm | مُعْفًى مِنَ الرُّسُومِ |
| ~pflichtig | chādi' li-r-rusūm | خَاضِعٌ لِلرُّسُومِ |

# Bloß nicht!

**Diese Ausdrücke sollten Sie kennen, damit Sie wissen, wie Ihr Gesprächspartner Sie eventuell betitelt. Vorsicht: Für die Folgen eines unsachgemäßen Gebrauchs kann der Verlag nicht haftbar gemacht werden!**

| | | |
|---|---|---|
| Verflixt! | jā nahār aswad | يَا نَهَارْ أَسْوَدْ! |
| Idiot! Blödian! | jā ghabī | يَا غَبِيُ! |
| Esel! | jā himār | يَا حِمَارْ! |
| Narr! | jā tīs | يَا تِيسْ! |
| Hund! | jā kalb | يَا كَلْبْ! |
| Hundesohn! | jā bni l-kalb | يَا ابْنِ الكَلْبْ! |
| Dreckskerl! | jā wasich | يَا وَسِخْ! |
| Betrüger! Dieb! | jā nassāb, jā harāmī | يَا نَصَّابْ، يَا حَرَامِي! |
| niederträchtig! | jā naḍl | يَا نَذْلْ! |
| Hast du noch alle Tassen im Schrank? | anta madschnūn | أَنْتَ مَجْنُونْ؟! |
| Hurensohn! | ibnu sch-scharmūta | ابْنُ الشَّرْمُوطَهْ! |
| Verdammt sei er und verdammt sei sein Vater! | jal'anuh wajal'an abūh | يَلْعَنْهْ وَيَلْعَنْ أَبُوهْ! |
| Alles ist mir scheißegal! | mal'ūn abū d-dunjā | مَلْعُونْ أَبُو الدُّنْيَا! |
| Verschwinde! | ughrub 'an wadschhī | أُغْرُبْ عَنْ وَجْهِي! |
| Geh' zum Teufel! | ruh fī sittīn dāhija | رُحْ فِي سِتِّيْن دَاهِيَهْ! |
| Halt's Maul! | sakkir fummak | سَكِّرْ فُمَّك! |
| Leck' mich am Arsch! | alhis tīḍī | أَلْحِسْ طِيظِي! |

# Die 555 wichtigsten Wörter

Die hinter der arabischen Aussprache aufgeführten Zahlen verweisen auf die entsprechenden Seiten der themenbezogenen Kapitel, wo Sie ein umfangreiches Vokabular zum entsprechenden Themenbereich finden.

## A

| | | |
|---|---|---|
| **abbestellen** *(Zimmer)* | alghā hadschs ... | أَلْغَى حَجْزَ ... |
| **Abend** | masā/sahra | مَسَاءٌ/سَهْرَةٌ |
| **Abfahrt** | intilāq ➢ 30, 100 | اِنْطِلَاقٌ |
| **Abflug** | iqlā' ➢ 28 | إِقْلَاعٌ |
| **Abreise** | safar ➢ 68 | سَفَرٌ |
| **Abschied** | wadā' ➢ 13 | وَدَاعٌ |
| **Achtung** | intibāh | اِنْتِبَاهٌ |
| **Adresse** | 'unwān ➢ 102 | عُنْوَانٌ |
| **allein** | munfarid/wahduh | مُنْفَرِدًا/وَحْدَهُ |
| **Alter** | 'umr | عُمْرٌ |
| **Amt** *(Dienststelle)* | idāra | إِدَارَةٌ |
| **Angst** | chawf | خَوْفٌ |
| **anhalten** | waqafa/auqafa | وَقَفَ / أَوْقَفَ |
| **Ankunft** | al-wusūl ➢ 29 | اَلْوُصُولُ |
| **Anmeldung** | tasdschīl | تَسْجِيلٌ |
| **Anruf** | muchābara/mukālama ➢ 104 f. | مُخَابَرَةٌ/مُكَالَمَةٌ |
| **Anschrift** | 'unwān | عُنْوَانٌ |
| **Apotheke** | saidalīja ➢ 52 f. | صَيْدَلِيَّةٌ |
| **arm** | faqīr | فَقِيرٌ |
| **Arzt** | tabīb ➢ 92 ff. | طَبِيبٌ |
| **aus** | min | مِنْ |
| **Ausflug** | nusha ➢ 76 | نُزْهَةٌ |
| **ausfüllen** | malā | مَلأَ |
| **Ausgang** | machradsch | مَخْرَجٌ |
| **Auskunft** | isti'lām ➢ 22, 28, 30, 100 | اِسْتِعْلَامٌ |
| **Ausländer/in** | adschnabī/adschnabīja | أَجْنَبِيٌّ / أَجْنَبِيَّةٌ |
| **Ausweis** *(Personal)* | bitāqa schachsīja | بِطَاقَةٌ شَخْصِيَّةٌ |
| **Auto** | sajjāra ➢ 21 ff. | سَيَّارَةٌ |

## B

| | | |
|---|---|---|
| **Bahnhof** | mahattat il-qitārāt ➢ 30 f. | مَحَطَّةُ الْقِطَارَاتِ |
| **Bank** *(Geldinstitut)* | masrif/bank ➢ 99 | مَصْرِفٌ / بَنْكٌ |
| **Beanstandung** | i'tirād ➢ 35, 67 | اِعْتِرَاضٌ |
| **beantworten** | adschāba | أَجَابَ |

| | | |
|---|---|---|
| **beenden** | anhā | أَنْهَى |
| **befinden, s. ~** | inwadschada/kān maudschūd | اِنْوَجَدَ/كَانَ مَوْجُودًا |
| **befürchten** | chāfa/chaschija | خَافَ/خَشِيَ |
| **begrüßen** | sallama 'alā/rahhaba bi ➢ 9 | سَلَّمَ عَلَى/رَحَّبَ بِ |
| **behalten** | hafiḍa/ihtafaḍa | حَفِظَ/اِحْتَفَظَ |
| **Behörde** | sulta/dāira | سُلْطَةٌ/دَائِرَةٌ |
| **bei** *(nahe)* | qurb | قُرْبَ |
| **belästigen** | as'adscha/dājaqa ➢ 101 | أَزْعَجَ/ضَايَقَ |
| **benachrichtigen** | a'lama | أَعْلَمَ |
| **benutzen** | ista'mala | اِسْتَعْمَلَ |
| **Beruf** | mihna | مِهْنَةٌ |
| **beschlagnahmen** | hadschasa/sādara | حَجَزَ/صَادَرَ |
| **beschweren, s. ~ (über)** | schakā min | شَكَا مِنْ |
| **besetzt** *(Platz, Telefon)* | maschghūl ➢ 31 | مَشْغُولٌ |
| **Besichtigung** | sijāra ➢ 75 ff. | زِيَارَةٌ |
| **Besitzer** | mālik/sāhib | مَالِكٌ/صَاحِبٌ |
| **Bestellung** | talab/hadschs ➢ 35 | طَلَبٌ/حَجْزٌ |
| **Betrag** | mablagh ➢ 99 | مَبْلَغٌ |
| **betrunken** | sakrān | سَكْرَانُ |
| **bezahlen** | dafa'a | دَفَعَ |
| **billig** | rachīs | رَخِيصٌ |
| **bis** | hattā/ilā | حَتَّى/إِلَى |
| **Bitte** | radschā ➢ 10 | رَجَاءٌ |
| **bleiben** | baqija | بَقِيَ |
| **Blut** | dam ➢ 94 | دَمٌ |
| **Botschaft** | sifāra | سِفَارَةٌ |
| **Brand** | harīq | حَرِيقٌ |
| **brauchen** | ihtādscha ilā | اِحْتَاجَ إِلَى |
| **Brief** | risāla ➢ 102 f. | رِسَالَةٌ |
| **Brieftasche** | mihfaḍa ➢ 101 | مِحْفَظَةٌ |
| **Buchung** | hadschs ➢ 28 f., 32 | حَجْزٌ |
| **Büro** | maktab | مَكْتَبٌ |

## C

| | | |
|---|---|---|
| **Café** | maqha | مَقْهًى |
| **Camping** | tachjīm ➢ 70 f. | تَخْيِيمٌ |
| **Chef** | raīs/mudīr | رَئِيسٌ/مُدِيرٌ |

## D

| | | |
|---|---|---|
| **dafür sein** | ajjada | أَيَّدَ |
| **dagegen sein** | 'ārada | عَارَضَ |
| **Datum** | tārīch ➢ 18 | تَارِيخٌ |
| **defekt** | fīhi chalal ➢ 23, 26 | فِيهِ خَلَلٌ |
| **Deutsche, der, die ~** | al-almānī/al-almānīja | اَلْأَلْمَانِيُّ/اَلْأَلْمَانِيَّةُ |
| **Deutschland** | almānjā | أَلْمَانْيَا |
| **Diebstahl** | sirqa ➢ 101 | سَرِقَةٌ |
| **diese(r, -s)** | hāḍā *(m)* / hāḍihi | هٰذَا / هٰذِهِ |
| **Ding** | schai | شَيْءٌ |
| **Direktor** | mudīr | مُدِيرٌ |

| | | |
|---|---|---|
| **Disko** | diskō ➢ 78 f. | دِيسْكُو |
| **Doktor** | duktūr/tabīb | دُكْتُورٌ/طَبِيبٌ |
| **draußen** | chāridsch/fī l-chāridsch | خَارِجًا/فِي الْخَارِجِ |
| **drin, drinnen** | fī d-dāchil | فِي الدَّاخِلِ |
| **dringend** | mulihh/'ādschil | مُلِحٌّ/عَاجِلٌ |
| **Drogerie** | mahall mustahdarāt in-naḍāfa wa-t-tadschmīl ➢ 53 f., 63 | مَحَلُّ مُسْتَحْضَرَاتِ النَّظَافَةِ وَالتَّجْمِيلِ |
| **du** | anta (*f* anti) | أَنْتَ / أَنْتِ |
| **durstig** | 'atschān/'atschā (*f*) | عَطْشَانُ / عَطْشَى |

## E

| | | |
|---|---|---|
| **Ehe** | sawādsch | زَوَاجٌ |
| **Ehefrau / Ehemann** | saudscha / saudsch | زَوْجَةٌ / زَوْجٌ |
| **Ehepaar** | as-saudschān | الزَّوْجَانِ |
| **eilig** | 'ādschil | عَاجِلٌ |
| **ein(e)** | wāhid/wāhida | وَاحِدٌ/وَاحِدَةٌ |
| **Eingang** | madchal | مَدْخَلٌ |
| **einkaufen** | ischtarā/tasauwaqa ➢ 49 ff. | اِشْتَرَى/تَسَوَّقَ |
| **einladen** | da'ā | دَعَا |
| **Eintrittskarte** | taḏkirat duchūl ➢ 80, 83 | تَذْكِرَةُ دُخُولٍ |
| **Eisenbahn** | as-sikka l-hadīdīja ➢ 30 f. | اَلسِّكَّةُ الْحَدِيدِيَّةُ |
| **Elektrohandlung** | mahall il-adawāt il-kahrabāīja ➢ 54, 64 | مَحَلُّ الأَدَوَاتِ الْكَهْرَبَائِيَّةِ |
| **Eltern** | wālidān | وَالِدَانِ |
| **Empfänger** | al-mursal ilaihi ➢ 103 | اَلْمُرْسَلُ إِلَيْهِ |
| **englisch** | ingilīsī | إِنْكِلِيزِيٌّ/إِنْجِلِيزِيٌّ |
| **entfernt** | ba'īd | بَعِيدٌ |
| **Entschuldigung** | 'uḏr/i'tiḏār ➢ 10 | عُذْرٌ/اِعْتِذَارٌ |
| **er** | huwa | هُوَ |
| **Ergebnis** | natīdscha ➢ 83 | نَتِيجَةٌ |
| **erklären** *(angeben)* | sarraha | صَرَّحَ |
| *(deutlich machen)* | scharaha | شَرَحَ |
| **erkundigen, s. ~** | ista'lama | اِسْتَعْلَمَ |
| **Erlaubnis** | samāh/iḏn | سَمَاحٌ/إِذْنٌ |
| **Ersatz** *(Schaden~)* | ta'wīd | تَعْوِيضٌ |
| **Erwachsene(r)** | bāligh | بَالِغٌ |
| **essbar** | sālih li-l-akl | صَالِحٌ لِلأَكْلِ |
| **Essen** | ta'ām ➢ 33 ff., 56 ff. | طَعَامٌ |
| **essen** | akala | أَكَلَ |
| **Europa** | urubba | أُورُوبَّا |

## F

| | | |
|---|---|---|
| **Fabrik** | masna' | مَصْنَعٌ |
| **fahren** | sāfara | سَافَرَ |
| *(lenken)* | qāda | قَادَ |
| **Fahrkarte** | taḏkira ➢ 31, 100 | تَذْكِرَةٌ |
| **Fahrplan** | dschadwal mawā'īd is-safar ➢ 31 | جَدْوَلُ مَوَاعِيدِ السَّفَرِ |
| **Fahrrad** | darrādscha ➢ 21 ff. | دَرَّاجَةٌ |
| **Fahrstuhl** | mas'ad | مَصْعَدٌ |
| **Fahrt** | safar | سَفَرٌ |

| | | |
|---|---|---|
| **fallen** | saqata | سَقَطَ |
| **falsch** | chatā | خَطَأٌ |
| **Familie** | usra | أُسْرَةٌ |
| **Familienname** | ism il-'āila ➢ 106 | إِسْمُ الْعَائِلَةِ |
| **Farbe** | laun | لَوْنٌ |
| **Feiertag** | jaum 'utla ➢ 20 | يَوْمُ عُطْلَةٍ |
| **Ferien** | 'utla/idschāsa | عُطْلَةٌ / إِجَازَةٌ |
| **Fest** | 'īd | عِيدٌ |
| **Feuer** | nār | نَارٌ |
| **Feuerlöscher** | dschihās il-itfā | جِهَازُ الإِطْفَاءِ |
| **Feuerwehr** | al-itfāija/al-matāfī | اَلإِطْفَائِيَّةُ / اَلْمَطَافِئُ |
| **Firma** | muassasa tidschārīja | مُؤَسَّسَةٌ تِجَارِيَّةٌ |
| **Fisch** | samaka ➢ 41, 45 | سَمَكَةٌ |
| **Flasche** | sudschādscha | زُجَاجَةٌ |
| **Fleisch** | lahm ➢ 45 f. | لَحْمٌ |
| **Flirt** | mughāsala ➢ 11 f. | مُغَازَلَةٌ |
| **Flug** | rihla dschauwīja/tajarān ➢ 28 ff. | رِحْلَةٌ جَوِّيَّةٌ / طَيَرَانٌ |
| **Formular** | istimāra ➢ 99 | إِسْتِمَارَةٌ |
| **Foto** | sūra ➢ 54 f., 64 | صُورَةٌ |
| **Frage** | suāl | سُؤَالٌ |
| **Frau** | mara | مَرْأَةٌ |
| *(Anrede)* | sajjida | سَيِّدَةٌ |
| Ehe~ | saudscha | زَوْجَةٌ |
| **frei** | hurr | حُرٌّ |
| *(nicht besetzt)* | schāghir | شَاغِرٌ |
| **fremd** *(unbekannt)* | gharīb | غَرِيبٌ |
| *(ausländisch)* | adschnabī | أَجْنَبِيٌّ |
| **Fremdenführer** | dalīl sijāhī ➢ 77 | دَلِيلٌ سِيَاحِيٌّ |
| **Freund/in** | sadīq/sadīqa | صَدِيقٌ / صَدِيقَةٌ |
| **frieren** | barada/tadschammada | بَرَدَ / تَجَمَّدَ |
| **Friseur/Friseuse** | hallāq/kuwāfīra ➢ 55 f. | حَلاَّقٌ / كُوَافِيرَةٌ |
| **frühstücken** | aftara ➢ 42 f. | أَفْطَرَ |
| **Führerschein** | ruchsat il-qijāda | رُخْصَةُ الْقِيَادَةِ |
| **Führung** | sijāra ma'a dalīl ➢ 76 f. | زِيَارَةٌ مَعَ دَلِيلٍ |
| **funktionieren** | 'amila/ischtaghala | عَمِلَ / إِشْتَغَلَ |
| **für** | min adschl | مِنْ أَجْلِ |
| **fürchten, s. ~ vor** | chāfa/chaschija | خَافَ / خَشِيَ |

## G

| | | |
|---|---|---|
| **Gast** | daif | ضَيْفٌ |
| **Gastgeber/in** | mudīf/mudīfa | مُضِيفٌ / مُضِيفَةٌ |
| **Gebäude** | mabna | مَبْنًى |
| **geben** | a'tā | أَعْطَى |
| **Gebet** | salāt | صَلاَةٌ |
| **Gebirge** | dschibāl ➢ 77 | جِبَالٌ |
| **geboren** | maulūd | مَوْلُودٌ |
| **Gebühr** | rasm ➢ 103, 105 | رَسْمٌ |
| **Geburt** | wilāda/mīlād | وِلاَدَةٌ / مِيلاَدٌ |

| | | |
|---|---|---|
| **gefährlich** | chatir | خَطِرٌ |
| **Gefängnis** | sidschn ➢ 101 | سِجْنٌ |
| **gehen** | ḍahaba | ذَهَبَ |
| zu Fuß ~ | maschā | مَشَى |
| **Geld** | naqd ➢ 99 | نَقْدٌ |
| **geöffnet** | maftūh | مَفْتُوحٌ |
| **Gepäck** | amti'a/haqāib ➢ 29 | أَمْتِعَةٌ / حَقَائِبُ |
| **gern** | bi-surūr | بِسُرُورٍ |
| **Geschäft** *(Laden)* | mahall | مَحَلٌّ |
| **Geschenk** | hadīja | هَدِيَّةٌ |
| **geschlossen** | mughlaq | مُغْلَقٌ |
| **Geschwindigkeit** | sur'a | سُرْعَةٌ |
| **Gesundheit** | sihha | صِحَّةٌ |
| **Getränk** | scharāb ➢ 42, 47 f. | شَرَابٌ |
| **Gewicht** | wasn | وَزْنٌ |
| **Gewitter** | 'āsifa ra'dīja | عَاصِفَةٌ رَعْدِيَّةٌ |
| **Gift** | summ | سُمٌّ |
| **Glück** | sa'āda/haḍḍ | سَعَادَةٌ/حَظٌّ |
| **Glückwunsch** | tahnia ➢ 13 | تَهْنِئَةٌ |
| **Gott** | allāh | الله |
| **Grenze** | hudūd ➢ 105 f. | حُدُودٌ |
| **Größe** *(Kleidung)* | maqās | مَقَاسٌ |
| *(Schuhe)* | nimra | نِمْرَةٌ |
| *(Format)* | hadschm | حَجْمٌ |
| **Großmutter/-vater** | dschadda / dschadd | جَدَّةٌ / جَدٌّ |
| **Grund** *(Ursache)* | sabab | سَبَبٌ |
| **Gruppe** | madschmū'a | مَجْمُوعَةٌ |
| **gültig** | sārī l-maf'ūl | سَارِي الْمَفْعُولِ |

## H

| | | |
|---|---|---|
| **haben** | malaka | مَلَكَ |
| **Hafen** | marfa/mīnā ➢ 32 | مَرْفَأٌ/مِينَاءٌ |
| **Hallo!** | marhaba | مَرْحَبًا! |
| **Halt!** | qif | قِفْ ! |
| **Haltestelle** | mauqif/mahatta ➢ 100 | مَوْقِفٌ/مَحَطَّةٌ |
| **Haus** | bait | بَيْتٌ |
| **Heimat** | watan | وَطَنٌ |
| **heiraten** | tasauwadscha | تَزَوَّجَ |
| **heiß** *(Wetter)* | hārr ➢ 20 | حَارٌّ |
| *(Wasser)* | sāchin ➢ 37 | سَاخِنٌ |
| **Heizung** | tadfia ➢ 67 f. | تَدْفِئَةٌ |
| **hell** | sāti' | سَاطِعٌ |
| **Herr** *(Anrede)* | sajjid | سَيِّدٌ |
| **heute** | al-jaum ➢ 18 | اَلْيَوْمَ |
| **hier** | hunā | هُنَا |
| **Hilfe** | musā'ada | مُسَاعَدَةٌ |
| **Hochzeit** *(Feier)* | 'urs/farah *(äg.)* | عُرْسٌ/فَرَحٌ |
| **Hotel** | funduq ➢ 65 ff. | فُنْدُقٌ |
| **hungrig** | dschāi' | جَائِعٌ |

## I

| | | |
|---|---|---|
| **ich** | anā | أَنَا |
| **immer** | dāiman | دَائِمًا |
| **in** | fī | فِي |
| **innen** | fī d-dāchil | فِي الدَّاخِلِ |
| **Innenstadt** | markas il-madīna | مَرْكَزُ الْمَدِينَةِ |
| **Insekt** | haschara | حَشَرَةٌ |
| **Insel** | dschasīra | جَزِيرَةٌ |
| **Irrtum** | chata | خَطَأٌ |

## J

| | | |
|---|---|---|
| **Jahr** | sana | سَنَةٌ |
| **jeder, jedes** | kull wāhid | كُلّ وَاحِدٍ |
| **jemand** | wāhid | وَاحِدٌ |
| **Jugendherberge** | bait isch-schabāb ➢ 71 | بَيْتُ الشَّبَابِ |
| **jung** | schābb | شَابٌّ |

## K

| | | |
|---|---|---|
| **kalt** | bārid ➢ 20, 37 | بَارِدٌ |
| **kaputt** | tālif/charib | تَالِفٌ / خَرِبٌ |
| **Kasse** | schubbāk it-taḏākir ➢ 80, 83 | شُبَّاكُ التَّذَاكِرِ |
| **kaufen** | ischtarā | اِشْتَرَى |
| **keine(r, -s)** | lā ahad | لَا أَحَدَ |
| **Kellner** | nādil/dscharsūn | نَادِلٌ / جَرْسُونْ |
| **kennen** | 'arafa | عَرَفَ |
| **Kleidung** | ṯijāb/malābis ➢ 58 f. | ثِيَابٌ / مَلَابِسُ |
| **Kneipe** | bār/hāna ➢ 78 f. | بَارٌ / حَانَةٌ |
| **Koffer** | haqība | حَقِيبَةٌ |
| **kommen** | dschā/atā | جَاءَ / أَتَى |
| **Kondom** | kabbūd/wāqi | كَبُّودٌ / وَاقٍ |
| **Konsulat** | qunsulīja | قُنْصُلِيَّةٌ |
| **Kontakt** | ittisāl | اِتِّصَالٌ |
| **kontrollieren** *(durchsuchen)* | fattascha | فَتَّشَ |
| **Körper** | dschism ➢ 94 ff. | جِسْمٌ |
| **kosten** | kallafa | كَلَّفَ |
| **krank** | marīd ➢ 92 ff. | مَرِيضٌ |
| **Kreditkarte** | bitāqat il-istilāf ➢ 50, 99 | بِطَاقَةُ الإِسْتِلَافِ |
| **Krieg** | harb | حَرْبٌ |
| **kühl** | ratib/bārid | رَطِبٌ / بَارِدٌ |
| **Kultur** | ṯaqāfa ➢ 75 ff. | ثَقَافَةٌ |
| **Kuss** | qubla | قُبْلَةٌ |
| **Küste** | schāti/sāhil | شَاطِئٌ / سَاحِلٌ |

## L

| | | |
|---|---|---|
| **lachen** | dahika | ضَحِكَ |
| **Laden** | dukkān/mahall | دُكَّانٌ / مَحَلٌّ |

| | | |
|---|---|---|
| **Land** *(Ggs. zu Stadt)* | rīf | رِيفٌ |
| *(pol)* | daula/balad | دَوْلَةٌ / بَلَدٌ |
| **Landkarte** | charīta ➢ 61 | خَرِيطَةٌ |
| **Landschaft** | manḍar tabī'ī | مَنْظَرٌ طَبِيعِيٌّ |
| **Länge** | tūl | طُولٌ |
| **Lärm** | dadschdscha | ضَجَّةٌ |
| **lassen** | taraka | تَرَكَ |
| **laut** *(adj/adv)* | 'āli / bi-saut 'āli | عَالٍ / بِصَوْتٍ عَالٍ |
| **leben** | 'āscha | عَاشَ |
| **Lebensmittel** | mawādd ghiḍāīja ➢ 33 ff., 56 ff. | مَوَادُّ غِذَائِيَّةٌ |
| **ledig** | a'sab (*m*) / 'asbā (*f*) ➢ 106 | أَعْزَبُ / عَزْبَاءُ |
| **leer** | fārigh | فَارِغٌ |
| **leicht** *(Gewicht)* | chafīf | خَفِيفٌ |
| **leihen** *(Geld)* | aqrada | أَقْرَضَ |
| **leise** *(adj/adv)* | munchafid / bi-saut munchafid | مُنْخَفِضٌ / بِصَوْتٍ مُنْخَفِضٍ |
| **Licht** | dau/nūr | ضَوْءٌ / نُورٌ |
| **lieb** | habīb/'asīs | حَبِيبٌ / عَزِيزٌ |
| **lieben** | ahabba | أَحَبَّ |
| **links** | jasār | يَسَارًا |
| **Lokal** | mat'am | مَطْعَمٌ |
| **löschen** | atfaa | أَطْفَأَ |
| **Lüge** | kiḍba | كِذْبَةٌ |

## M

| | | |
|---|---|---|
| **machen** | 'amila | عَمِلَ |
| **Mädchen** | bint/fatāt | بِنْتٌ / فَتَاةٌ |
| **Mann** | radschul | رَجُلٌ |
| **Markt** | sūq ➢ 51, 77 | سُوقٌ |
| **Maschine** | mākīna/āla | مَاكِينَةٌ / آلَةٌ |
| **Medikament** | dawā ➢ 52 f., 63 | دَوَاءٌ |
| **Meer** | bahr | بَحْرٌ |
| **Mensch** | insān | إِنْسَانٌ |
| **Miete** | udschra ➢ 70 | أُجْرَةٌ |
| **missverstehen** | asā l-fahm | أَسَاءَ الْفَهْمَ |
| **mit** | ma'a/bi | مَعَ / بِ |
| **mitbringen** | ahdara ma'ahu | أَحْضَرَ مَعَهُ |
| **mitnehmen** | achaḍa ma'ahu | أَخَذَ مَعَهُ |
| **Mittagessen** | ghadā ➢ 33 ff. | غَدَاءٌ |
| **Mitte** | wasat | وَسَطٌ |
| **Mittel (gegen)** | dawā (didd) ➢ 52 f. | دَوَاءٌ (ضِدَّ) |
| **Monat** | schahr ➢ 19 | شَهْرٌ |
| **Mond** | al-qamar | اَلْقَمَرُ |
| **Motor** | muharrik/mōtōr ➢ 23, 27 | مُحَرِّكٌ / مُوتُورْ |
| **Motorrad** | darrādscha nārīja ➢ 21 ff. | دَرَّاجَةٌ نَارِيَّةٌ |
| **Mücke** | nāmūsa | نَامُوسَةٌ |
| **müde** | ta'ib | تَعِبٌ |
| **Müll** | sibāla/qumāma ➢ 70 | زِبَالَةٌ / قُمَامَةٌ |
| **Münze** | qit'at nuqūd | قِطْعَةُ نُقُودٍ |
| **Museum** | mathaf ➢ 76 f. | مَتْحَفٌ |

| | | |
|---|---|---|
| **Musik** | mūsīqā | مُوسِيقَى |
| **müssen** | wadschaba | وَجَبَ |
| **Mutter** | umm | أُمٌّ |

## N

| | | |
|---|---|---|
| **nach** *(zeitlich)* | ba'd ... | بَعْدَ ... |
| **Nachricht** | chabar | خَبَرٌ |
| **Name** | ism ➢ 9, 106 | إِسْمٌ |
| **nass** | mablūl | مَبْلُولٌ |
| **Natur** | tabī'a | طَبِيعَةٌ |
| **neben** | bi-dschānib | بِجَانِبِ |
| **nennen** | sammā | سَمَّى |
| **neu** *(ungebraucht)* | dschadīd/hadīṯ | جَدِيدٌ / حَدِيثٌ |
| **nie** | abadan | أَبَدًا |
| **niemand** | lā ahad | لَا أَحَدَ |
| **Norden** | asch-schimāl | اَلشِّمَالُ |
| **nötig/notwendig** | darūrī/lāsim | ضَرُورِيٌّ / لَازِمٌ |
| **Nummer** | raqm | رَقْمٌ |
| **nur** | faqat | فَقَطْ |

## O

| | | |
|---|---|---|
| **oben** | fauq | فَوْقَ |
| **Ober** *(Anrede)* | nādil | نَادِلٌ |
| **Obst** | fākiha/fawākih ➢ 40, 46 | فَاكِهَةٌ / فَوَاكِهُ |
| **oder** | au | أَوْ |
| **offen** | maftūh/sarīh | مَفْتُوحٌ / صَرِيحٌ |
| **oft** | kaṯīr mā | كَثِيرًا مَا |
| **ohne** | bi-lā/dūn | بِلَا / دُونَ |
| **Optiker** | mahall in-naḏḏārātī ➢ 60 | مَحَلُّ النَّظَّارَاتِيِّ |
| **Ort** | makān | مَكَانٌ |
| **Osten** | asch-scharq | اَلشَّرْقُ |
| **Österreich** | an-nimsā | اَلنِّمْسَا |

## P

| | | |
|---|---|---|
| **Paar, ein ~** | sadsch | زَوْجٌ |
| **Paket** | tard ➢ 102 f. | طَرْدٌ |
| **Panne** | 'utl ➢ 23, 27 | عُطْلٌ |
| **Papiere** | ruchsat is-sajjāra wa s-sāiq ➢ 27, 102 | رُخْصَةُ السَّيَّارَةِ وَالسَّائِقِ |
| **parken** | rakana s-sajjāra | رَكَنَ السَّيَّارَةَ |
| **Pass** *(Ausweis)* | dschawās safar | جَوَازُ سَفَرٍ |
| **Passkontrolle** | murāqabat dschawāsāt is-safar ➢ 105 f. | مُرَاقَبَةُ جَوَازَاتِ السَّفَرِ |
| **Pension** | nusul/bansjōn ➢ 65 ff. | نُزُلٌ / بَنْسِيُونْ |
| **Person** | schachs | شَخْصٌ |
| **Personalausweis** | bitāqat iṯbāt isch-schachsīja/huwīja | بِطَاقَةُ إِثْبَاتِ الشَّخْصِيَّةِ / هُوِيَّةٌ |
| **Pflanze** | nabta | نَبْتَةٌ |
| **Pflicht** | wādschib | وَاجِبٌ |
| **Platz** | makān | مَكَانٌ |
| **Politik** | sijāsa | سِيَاسَةٌ |
| **Polizei** | schurta/būlīs ➢ 101 f. | شُرْطَةٌ / بُولِيسْ |

| | | |
|---|---|---|
| **Postamt** | maktab barīd ➢ 102 f. | مَكْتَبُ بَرِيدٍ |
| **Preis** | si'r | سِعْرٌ |
| **prüfen** | ichtabara | اِخْتَبَرَ |
| **pünktlich** | fī l-mī'ād | فِي الْمِيعَادِ |

## Q

| | | |
|---|---|---|
| **Qualität** | kaifīja/sinf | كَيْفِيَّةٌ/صِنْفٌ |
| **quittieren** | a'tā īsāl | أَعْطَى إِيصَالًا |

## R

| | | |
|---|---|---|
| **Radio** | rādjō/miḏjā' | رَادْيُو/مِذْيَاعٌ |
| **Rathaus** | dār il-baladīja ➢ 77 | دَارُ الْبَلَدِيَّةِ |
| **Raum** | makān/ghurfa | مَكَانٌ/غُرْفَةٌ |
| **Rechnung** | hisāb/fātūra ➢ 36 | حِسَابٌ/فَاتُورَةٌ |
| **rechts** | jamīn | يَمِينًا |
| **reden** | takallama | تَكَلَّمَ |
| **Regierung** | hukūma | حُكُومَةٌ |
| **regnen** | amtarat is-samā ➢ 20 | أَمْطَرَتِ السَّمَاءُ |
| **reich** | ghanī | غَنِيٌّ |
| **reinigen** | naḏḏafa ➢ 67 f. | نَظَّفَ |
| **Reise** | safar/rihla | سَفَرٌ/رِحْلَةٌ |
| **Reiseführer** | dalīl sijāhī ➢ 77 | دَلِيلٌ سِيَاحِيٌّ |
| **Reisepass** | dschawās safar ➢ 102, 106 | جَوَازُ سَفَرٍ |
| **reklamieren** | tālaba ➢ 35, 67 | طَالَبَ |
| **Reservierung** | hadschs | حَجْزٌ |
| **Restaurant** | mat'am ➢ 33 ff. | مَطْعَمٌ |
| **retten** | anqaḏa | أَنْقَذَ |
| **Rezeption** | maktab il-istiqbāl ➢ 66 f. | مَكْتَبُ الاِسْتِقْبَالِ |
| **Richtung** | ittidschāh | اِتِّجَاهٌ |
| **Rückkehr** | 'auda/ijāb | عَوْدَةٌ/إِيَابٌ |

## S

| | | |
|---|---|---|
| **sagen** | qāla | قَالَ |
| **sauber** | naḏīf | نَظِيفٌ |
| **Schadenersatz** | ta'wīd 'an id-darar | تَعْوِيضٌ عَنِ الضَّرَرِ |
| **Scheck** | schīk ➢ 99 | شِيكٌ |
| **schenken** | ahdā | أَهْدَى |
| **schlafen** | nāma | نَامَ |
| **schlecht** *(adj/adv)* | sajj / bi-hāla sajja | سَيِّئٌ / بِحَالَةٍ سَيِّئَةٍ |
| **schließen** | aghlaqa | أَغْلَقَ |
| **Schloss** *(Tür)* | qufl | قُفْلٌ |
| **Schlüssel** | miftāh ➢ 67, 69 | مِفْتَاحٌ |
| **Schmerzen** | alam/wadscha' | أَلَمٌ/وَجَعٌ |
| **Schmuck** | hali ➢ 61 | حَلْيٌ |
| **schmuggeln** | harraba | هَرَّبَ |
| **Schmutz** | wasach | وَسَخٌ |
| **schnell** *(adj/adv)* | sarī' / bi-sur'a | سَرِيعٌ / بِسُرْعَةٍ |
| **schreiben** | kataba | كَتَبَ |

| | | |
|---|---|---|
| **Schreibwarenladen** | mahall bai' il-qirtāsīja/maktaba ➢ 61 | مَحَلُّ بَيْعِ الْقِرْطَاسِيَّةِ/مَكْتَبَةٌ |
| **schriftlich** | chattī/tahrīrī | خَطِّيٌّ/تَحْرِيرِيٌّ |
| **Schuh** | hiḏā ➢ 60 | حِذَاءٌ |
| **Schuld** | dain | دَيْنٌ |
| *(Vergehen)* | ḏanb | ذَنْبٌ |
| **schwanger** | hāmil/hublā | حَامِلٌ/ حُبْلَى |
| **Schweiz** | swīsrā | سْوِيسْرَا |
| **schwer** | ṯaqīl/sa'b | ثَقِيلٌ/صَعْبٌ |
| **Schwester** | ucht | أُخْتٌ |
| **schwierig** | sa'b | صَعْبٌ |
| **See, der~/ die ~** | buhaira/bahr | بُحَيْرَةٌ/بَحْرٌ |
| **sehen** | raā/schāhada | رَأَى/شَاهَدَ |
| **Sehenswürdigkeiten** | ma'ālim ➢ 75 ff. | مَعَالِمُ |
| **seit** | munḏu | مُنْذُ |
| **selten** *(adj/adv)* | nādir/nādiran | نَادِرٌ/نَادِرًا |
| **Sendung** *(Radio, TV)* | iḏā'a | إِذَاعَةٌ |
| **Sex** | dschins | جِنْسٌ |
| **Sicherheit** | amān | أَمَانٌ |
| **sie** *nom sing* | hija | هِيَ |
| *pl* | hum, hunna | هُمْ، هُنَّ |
| **Sie** | anta (*f* anti)/antum | أَنْتَ/أَنْتُمْ |
| **Sohn** | ibn | اِبْنٌ |
| **Sonne** | asch-schams ➢ 20 | اَلشَّمْسُ |
| **später** | ba'd ḏālik | بَعْدَ ذَلِكَ |
| **Speisekarte** | qāimat il-at'ima ➢ 35, 43 ff. | قَائِمَةُ الأَطْعِمَةِ |
| **Sport** | rijāda ➢ 81 ff. | رِيَاضَةٌ |
| **Sprache** | lugha | لُغَةٌ |
| **sprechen** | takallama/tahaddaṯa | تَكَلَّمَ/تَحَدَّثَ |
| **Staat** | daula | دَوْلَةٌ |
| **Stadt** | madīna | مَدِينَةٌ |
| **stechen** *(Insekt)* | ladagha | لَدَغَ |
| **stehlen** | saraqa | سَرَقَ |
| **Stelle** *(Ort)* | makān/mahall | مَكَانٌ/مَحَلٌّ |
| **sterben** | māta/tuwuffija | مَاتَ/تُوُفِّيَ |
| **Stil** | uslūb/tirās | أُسْلُوبٌ/طِرَازٌ |
| **still** *adj* | sākin/hādi | سَاكِنٌ/هَادِئٌ |
| *adv* | bi-hudū | بِهُدُوءٍ |
| **Stockwerk** | tābiq/daur | طَابِقٌ/دَوْرٌ |
| **stören** | as'adscha | أَزْعَجَ |
| **stornieren** | alghā l-hadschs ➢ 28, 30 | أَلْغَى الْحَجْزَ |
| **Strafe** | 'uqūba/dschasā | عُقُوبَةٌ/جَزَاءٌ |
| **Strand** | schāti l-bahr ➢ 81 ff. | شَاطِئُ الْبَحْرِ |
| **Straße** | schāri'/tarīq ➢ 27, 100 | شَارِعٌ/طَرِيقٌ |
| **studieren** | darasa | دَرَسَ |
| **Stuhl** | kursī/maq'ad | كُرْسِيٌّ/مَقْعَدٌ |
| **Stunde** | sā'a ➢ 17 | سَاعَةٌ |
| **suchen** | bahaṯa/fattascha ('an) | بَحَثَ/فَتَّشَ (عَنْ) |
| **Süden** | al-dschanūb | اَلْجَنُوبُ |

## T

| | | |
|---|---|---|
| **Tabak** | duchān ➢ 62, 64 | دُخَانٌ |
| **Tag** *(Ggs. zu Nacht)* | nahār | نَهَارٌ |
| *(24 Stunden)* | jaum ➢ 17 ff. | يَوْمٌ |
| **Tankstelle** | mahattat il-bansīn ➢ 22 | مَحَطَّةُ الْبَنْزِينِ |
| **tanzen** | raqasa ➢ 78 ff. | رَقَصَ |
| **tauschen** | istabdala | اِسْتَبْدَلَ |
| **Taxi** | taksī/sajjārat udschra ➢ 103 f. | تَاكْسِي/سَيَّارَةُ أُجْرَةٍ |
| **Telefon** | hātif/telefōn ➢ 104 f. | هَاتِفٌ/تِلِيفُونْ |
| **Temperatur** | daradschat il-harāra ➢ 20 | دَرَجَةُ الْحَرَارَةِ |
| **teuer** | ghāli | غَالٍ |
| **Theater** | masrah ➢ 79 f. | مَسْرَحٌ |
| **tief** | 'amīq | عَمِيقٌ |
| **Tier** | haiawān | حَيَوَانٌ |
| **Tisch** | tāwila/māida | طَاوِلَةٌ/مَائِدَةٌ |
| **Tochter** | ibna/bint | اِبْنَةٌ/بِنْتٌ |
| **Toilette** | mirhād/tuwālēt | مِرْحَاضٌ/تُوَالِيْتْ |
| **tot** | majjit | مَيِّتٌ |
| **traurig** *(adj/adv)* | hasīn / fī husn | حَزِينٌ / فِي حُزْنٍ |
| **treffen** | laqija/sādafa | لَقِيَ/صَادَفَ |
| **Treppe** | daradsch | دَرَجٌ |
| **trinken** | schariba ➢ 33 ff. | شَرِبَ |
| **Trinkgeld** | baqschīsch ➢ 36, 104 | بَقْشِيشٌ |
| **Trinkwasser** | mā isch-schurb | مَاءُ الشُّرْبِ |
| **tun** | fa'ala/'amila | فَعَلَ/عَمِلَ |
| **Tür** | bāb | بَابٌ |

## U

| | | |
|---|---|---|
| **überfallen** | i'tadā ('alā) | اِعْتَدَى (عَلَى) |
| **übernachten** | bāta ➢ 65 ff. | بَاتَ |
| **übersetzen** | tardschama | تَرْجَمَ |
| **überweisen** *(Geld)* | hawwala | حَوَّلَ |
| **Ufer** | sāhil/diffa | سَاحِلٌ/ضِفَّةٌ |
| **Uhr** | sā'a ➢ 17 | سَاعَةٌ |
| **umsonst** *(gratis)* | madschdschānan | مَجَّانًا |
| *(vergebens)* | bi-lā dschadwā | بِلَا جَدْوَى |
| **umsteigen** | baddala l-qitār | بَدَّلَ الْقِطَارَ |
| **umtauschen** | baddala ➢ 99 | بَدَّلَ |
| **und** | wa | وَ |
| **Unfall** | hādiṯ ➢ 24 | حَادِثٌ |
| **Unglück** | musība | مُصِيبَةٌ |
| **ungültig** | bātil/mulgha | بَاطِلٌ/مُلْغًى |
| **unmöglich** | ghair mumkin | غَيْرُ مُمْكِنٍ |
| **uns** | -nā | ـنَا |
| **unschuldig** | barī | بَرِيءٌ |
| **unser, e** | -nā/al-chāss bi-nā | ـنَا/الْخَاصُّ بِنَا |
| **Unterhaltung** *(Vergnügen)* | taslīja ➢ 78 ff. | تَسْلِيَةٌ |

| | | |
|---|---|---|
| **Unterkunft** | mansil/maskan | مَنْزِلٌ / مَسْكَنٌ |
| **Unterschied** | farq | فَرْقٌ |
| **Unterschrift** | tauqī’/imdā ➢ 99 | تَوْقِيعٌ / إِمْضَاءٌ |
| **Urlaub** | ’utla/idschāsa | عُطْلَةٌ / إِجَازَةٌ |

## V

| | | |
|---|---|---|
| **Vater** | ab/wālid | أَبٌ / وَالِدٌ |
| **Verabredung** | mau’id ➢ 11 f. | مَوْعِدٌ |
| **Veranstaltung** | hafl/hafla ➢ 79 f. | حَفْلٌ / حَفْلَةٌ |
| **verbieten** | mana’a | مَنَعَ |
| **verboten!** | mamnū’ | مَمْنُوعٌ |
| **verdienen** | rabiha/istahaqqa | رَبِحَ / اِسْتَحَقَّ |
| **verdorben** *(faul)* | fāsid/tālif | فَاسِدٌ / تَالِفٌ |
| **vergessen** | nasija | نَسِيَ |
| **Vergewaltigung** | ightisāb ➢ 102 | اِغْتِصَابٌ |
| **Vergiftung** | tasammum ➢ 98 | تَسَمُّمٌ |
| **Vergnügen** | taslīja/lahw ➢ 78 ff. | تَسْلِيَةٌ / لَهْوٌ |
| **verheiratet** | mutasauwidsch ➢ 106 | مُتَزَوِّجٌ |
| **verirren, s. ~** | tāha/dalla | تَاهَ / ضَلَّ |
| **Verkehr** | sair | سَيْرٌ |
| **verlängern** | maddada/atāla | مَدَّدَ / أَطَالَ |
| **verlieren** | faqada ➢ 100, 102 | فَقَدَ |
| **verloben, s. ~** | chataba | خَطَبَ |
| **Verlust** | fuqdān ➢ 100 | فُقْدَانٌ |
| **vermieten** | adschdschara ➢ 24, 70 | أَجَّرَ |
| **Versprechen** | wa’d | وَعْدٌ |
| **verständigen, jdn ~** | achbara | أَخْبَرَ |
| **verstehen** | fahima | فَهِمَ |
| **verwandt** | qarīb li | قَرِيبٌ لِ |
| **viel** | katīr | كَثِيرٌ / كَثِيرًا |
| **vielleicht** | rubbama/min il-mumkin | رُبَّمَا / مِنَ الْمُمْكِنِ |
| **Visum** | taschīra ➢ 105 f. | تَأْشِيرَةٌ |
| **Voranmeldung** | mau’id sābiq ➢ 71 | مَوْعِدٌ سَابِقٌ |
| **Vorname** | al-ism ➢ 106 | اَلإِسْمُ |
| **Vorsicht!** | intabih | إِنْتَبِهْ ! |

## W

| | | |
|---|---|---|
| **Währung** | ’umla ➢ 99 | عُمْلَةٌ |
| **warm** | dāfi ➢ 20 | دَافِئٌ |
| **warten** | intaḍara | إِنْتَظَرَ |
| **waschen** | ghasala | غَسَلَ |
| **Wasser** | mā ➢ 38, 48, 67 | مَاءٌ |
| **wechseln** *(Geld)* | sarrafa/hawwala ➢ 99 | صَرَّفَ / حَوَّلَ |
| **wecken** | aiqaḍa | أَيْقَظَ |
| **Weg** | tarīq | طَرِيقٌ |
| **weiblich** | unṭawī/nisāī | أُنْثَوِيٌّ / نِسَائِيٌّ |
| **weit** *(entfernt)* | ba’īd | بَعِيدٌ |
| **Welt** | al-’ālam | اَلْعَالَمُ |

| | | |
|---|---|---|
| **Werkstatt** | warschat it-taslīh ➢ 23 | وَرْشَةُ التَّصْلِيحِ |
| **werktags** | fī ajjām il-'amal | فِي أَيَّامِ الْعَمَلِ |
| **Wert** | qīma/ṯaman | قِيمَةٌ/ثَمَنٌ |
| **Westen** | al-gharb | اَلْغَرْبُ |
| **Wetter** | taqs ➢ 20 | طَقْسٌ |
| **wichtig** | muhimm/hāmm | مُهِمٌّ/هَامٌّ |
| **wiegen** | wasana | وَزَنَ |
| **Woche** | usbū' ➢ 19 | أُسْبُوعٌ |
| **wohnen** | sakana | سَكَنَ |
| **Wohnort, Wohnsitz** | mahall il-iqāma ➢ 106 | مَحَلُّ الإِقَامَةِ |
| **wollen** | arāda | أَرَادَ |
| *(wünschen)* | raghiba/arāda | رَغِبَ/أَرَادَ |

## Z

| | | |
|---|---|---|
| **Zahl** | 'adad ➢ 16 | عَدَدٌ |
| **zahlen** | dafa'a/saddada | دَفَعَ/سَدَّدَ |
| **Zahnarzt** | tabīb asnān ➢ 92 ff. | طَبِيبُ أَسْنَانٍ |
| **zeigen** | arā | أَرَى |
| **Zeit** | waqt/saman ➢ 17 ff. | وَقْتٌ/زَمَنٌ |
| **Zeitschrift** | madschalla ➢ 62 | مَجَلَّةٌ |
| **Zentrum** | markas | مَرْكَزٌ |
| **Zeuge** | schāhid | شَاهِدٌ |
| **Ziel** *(Reise~)* | wudschhat is-safar | وُجْهَةُ السَّفَرِ |
| **Zimmer** | ghurfa ➢ 65 | غُرْفَةٌ |
| **Zoll** | dschumruk ➢ 105 f. | جُمْرُكٌ |
| **Zug** | qitār ➢ 30 ff. | قِطَارٌ |

## Impressum

Unsere Autoren haben nach bestem Wissen recherchiert. Trotzdem schleichen sich manchmal Fehler ein, für die der Verlag keine Haftung übernehmen kann.
Titelbild: Arabisches Hotel (Visum)
Fotos: Gettyone Stone (89); HB-Verlag (1, 2, 3, 7, 21, 33, 49, 65, 75, 81, 85/W. Gartung, 91); Ali Mitgutsch „Komm mit ans Wasser" © Ravensburger Buchverlag, Otto Maier GmbH (87); Wolpert & Strehle Fotodesign (14, 39–42, 62–64, 72–74, 88)
**3. aktualisierte Auflage 2002** © Mairs Geographischer Verlag, Ostfildern
© auf der Basis PONS Reisewörterbuch Arabisch
Copyright Ernst Klett Verlag GmbH, Stuttgart
1993 und 2000 bearbeitet von Dr. M. Sadek Trad; für Marco Polo überarbeitet von Michaela Wittrich-Pfänder
Redaktion: Ernst Klett Verlag GmbH, Stuttgart; Mairs Geographischer Verlag, Ostfildern; Barbara Pflüger, Stuttgart; Regina Reinboth-Kämpf, Esslingen
Mitarbeit an diesem Werk: Martin Strüber, Ditzingen, unter Mitwirkung von Maysa Mourad, Ditzingen
Gestaltungskonzept: red.sign, Stuttgart
Satz: Fotosatz Kaufmann, Stuttgart
Printed in Germany

Gedruckt auf 100% chlorfrei gebleichtem Papier